—译家之言—

译境

王佐良　著

外语教学与研究出版社　北京

图书在版编目（CIP）数据

译境 / 王佐良著. -- 北京 ：外语教学与研究出版社，2016.7（2021.1 重印）
（译家之言）
ISBN 978-7-5135-7810-3

Ⅰ. ①译… Ⅱ. ①王… Ⅲ. ①英语－翻译－研究 Ⅳ. ①H315.9

中国版本图书馆 CIP 数据核字（2016）第 163125 号

出 版 人　徐建忠
系列策划　吴　浩　易　璐
责任编辑　赵雅茹
装帧设计　李双双
出版发行　外语教学与研究出版社
社　　址　北京市西三环北路19号（100089）
网　　址　http://www.fltrp.com
印　　刷　三河市紫恒印装有限公司
开　　本　787×1092　1/32
印　　张　7
版　　次　2016 年 7 月第 1 版　2021 年 1 月第 4 次印刷
书　　号　ISBN 978-7-5135-7810-3
定　　价　29.00 元

购书咨询：（010）88819926　电子邮箱：club@fltrp.com
外研书店：https://waiyants.tmall.com
凡印刷、装订质量问题，请联系我社印制部
联系电话：（010）61207896　电子邮箱：zhijian@fltrp.com
凡侵权、盗版书籍线索，请联系我社法律事务部
举报电话：（010）88817519　电子邮箱：banquan@fltrp.com
物料号：278100001

目录

附录

新时期的翻译观

——一次专题翻译讨论会上的发言

1. 中国翻译家是否有一个独特的传统？

有的。根据古代译佛经和近代译社科和文艺书的情况来看，这个传统至少有三个特点：

一是有高度使命感，为了国家民族的需要不辞辛苦地去找重要的书来译。

二是不畏难，不怕译难书、大书、成套书。

三是做过各种试验：直译，意译，音译，听人口译而下笔直书，等等。

因此成绩斐然，丰富了中国文化，推进了社会改革，引进了新的文学样式。

单从现代看，也有一些特点可说。

例如，若干第一流作家都搞过翻译：鲁迅、郭沫若、茅盾、冰心、田汉、曹禺、徐志摩、戴望舒、艾青、卞之琳、冯至、李健吾等等都是。在许多情况下，翻译提高了他们的创作，或者发展了他们的创作。而由于他们也从事翻译，翻译的地位也提高了，出版社比较重视，译者在社会上也取得一定名望。西方的情况似乎不是这样。近代史上，那里似乎没有由翻译引起的大的文化潮流或思想运动，如中国1919年的新文化运动。社会上不甚注意翻译。译者多数谈不上社会地位，版权页上的译者名字往往印得很小（或根本不印），所得报酬十分微薄，一般人也不关心译者是谁。

就选择什么书来翻译而论，中国当然也有为了赚钱而滥译抢译的人，但多数译者是慎重的，虚心的——中国译者似乎比他们的西方同行更认真地对待“世界文学”这一概念，努力发掘东西方各种优秀作品，而西方的译者则不免仍受“欧洲中心论”的束缚，对于还未形成时尚的小国远地的文学是不大注意的。影响及于读书界，于是三四流的西方作品在中国也有人知，而第一流的中国作品就在英美的文学爱好者研究者之间也寂无反响。这当中有其他原因，但西方不够重视翻译以及译品选择上的偏颇也是因素之一。

2. 对于翻译理论，有什么新想法?

未必真是什么“新想法”，姑且写下来就正于行家。

严复的历史功绩不可没。“信、达、雅”是很好的经验总结，说法精炼之至，所以能持久地吸引人。

但时至今日，仍然津津于这三字，则只能说明我们后人的停顿不前。三字也不能等量齐观:“雅”的提法显然问题较多。

不妨看看别的有经验的译者又怎么说。

余冠英先生译《诗经》为白话，体会到五点：

一、以诗译诗；

二、以歌谣译歌谣，风格一致；

三、不硬译；

四、上口、顺耳；

五、词汇、句法依口语。

何等切实！何等新鲜！

我们也想本着切实的精神，建议两点：

一、辩证地看——尽可能地顺译，必要时直译；任何好的译文总是顺译与直译的结合。

二、一切照原作，雅俗如之，深浅如之，口气如之，文体如之。

3. 文体问题

似乎可以按照不同文体，定不同译法。例如信息类译意，文艺类译文，通知、广告类译体，等等。所谓意，是指内容、事实、数据等等，须力求准确，表达法要符合当代国际习惯。所谓文，是指作家个人的感情色彩、文学手法、结构形式等等，须力求保持原貌，因此常须直译。所谓体，是指格式、方式、措词等等，须力求符合该体在该语中的惯例，决不能“以我为主”，把商品广告译成火气甚重的政治宣传品，等等。

当然，体中还有体，不能同样对待。如文艺中小说与诗歌，显然译法要有不同。

4. 为读者着想

过去的翻译原则似乎都是提给译者遵守的，何妨换个角度，看看读者关心的又是什么。

也许有两点是读者都会要求于译文的，即它应该可靠，可读。

所谓可靠，是指译文忠实于原作，没有歪曲、遗漏。

所谓可读，是指译文流利，亦即余冠英先生所说的“上口、顺耳”，即使是直译也要使人大体读得下去。

5. 理解原作

十分不易，需要语言修养，文化修养，各方面的知识。在这里，译者要虚心再虚心，要不辞辛苦，勤查多问。首先，要把本文从头到尾多读几遍。同时，也无须自馁。人连密码也能破译，又何在乎一篇文一本书？

6. 运用语言

要经常练笔，要从实事小事做起，如想办法把一个动作的程序、一个事件的原因和结果、一个主张的根据和主要论点等等叙述清楚，有头有尾，步骤分明，而又要言不烦，文字干净。这是极不容易的事，是基本功。学外语也首先要做到这一点。

目前对于什么是好文章，有不同看法。有的人追求字面的美，因此或读古书，从中发掘词藻和成语；或看外国新刊，从中寻找新说法和时髦名词。如果确有必要，两者都可用；仅作装饰，哪样也坏事。往往是白文最顶事，也最美。美不在文词，而在文词后面的思想。要语言锐利、新鲜，首先要头脑锐利、新鲜。

从译者说，还要深刻地体会原作者的思想感情，直至其最细微、最曲折处。

有了好的汉语修养，才足以胜任翻译外国书；但通过翻译外国书，也可以提高汉语的表达力。例证之一：通过翻译马列著作和其他社会科学书，汉语的逻辑性和精确性都提高了。

7. 新的研究课题

已有的翻译研究大体可分三类：理论探讨，译文品评，翻译史研究。

每类都还有许多事可做，都有待深入与提高。

想到的一些具体课题：

作为翻译家的鲁迅——他译了多少书？根据什么原本译的？译文的得失？翻译主张的由来（有什么时代背景？政治因素？文化界情况？等等）？是否真的实践了自己的主张？中途有无变化、修正？对翻译界的影响？与其本人创作的关系？在当时的社会文化中起了什么作用？……今天的评价？

也可用同样的问题来研究任何别位作家兼翻译家。

断代翻译史——现在已有了几本简史、通史，似乎可以集中研究一个重要的翻译时期了，如唐朝译佛经的最盛时。这类研究要多找一些资料，要有较长的成片成段的例证，要突出若干重要译者，替他们摄特写镜头；要从社会背景和文化交流着眼；要有历史家、思想家、佛学家的合作；总之要比已有的叙述做得更丰满更深刻。

中国境内各民族语言之间的互译研究——也许我国最大的翻译工作量在此。有多年丰富经验可以总结，也有许多学术问题（语言的、文化的、历史的等等）可以研究。这也是翻译比较研究的一个广阔园地，需要由各族学者特别是少数民族内通晓多种语文的博学鸿儒来共同进行。

口译研究——口译本身就有许多题目需要探讨（中译外，外译中，有准备的与即席的，隔段译与同声译，一般题目与专门题目，人员如何训练，师资如何培养、提高，设备如何添置、利用，等等），而由于口译的兴起又带来了关于声音语（以别于书面语）的组成、结构、变化等内在特点与两种或多种声音语之间的对比等等一系列新的课题。过去谈翻译，无论探讨理论或品评实践，都是以书面语为对象，现在出现了声音语这一广大的新天地，在时间（短促，不容拖延）、环境（国际会议之类）、人际关系（面对面或隔窗可见，而且多数是外国上层人士）等等也出现了必须考虑的新因素，看来翻译研究在这方面是大有可为的，而目前还只有零零落落的几篇综述文章。

* * *

有的课题，虽已有若干研究，但还需深入，还需“追踪”。例如科技翻译研究，别的不说，机器翻译的现状与发展趋势就有必要弄清。最近报上登载军事科学院已经做出了“科译 1 号”翻译系统，就是一个值得追踪的重要消息。诗歌翻译研究论文不少，但似缺乏对一个重要译者的集中研究，也不能只停顿在若干字句的对比，而要引出几条重要结论；这类研究要提高，还需利用语言学和文学理论的新的研究成果，特别需要结合对汉语和中国诗歌的特点来深入探讨。

总之，翻译研究的前途无限。它最为实际，可以直接为物质与精神的建设服务，而且翻译的方面多，实践量大，有无穷尽的研究材料。它又最有理论发展前途：它天生是比较的，跨语言、跨学科的，它必须联系文化、社会、历史来进行，背后有历代翻译家的经验组成的深厚传统，前面有一个活跃而多彩的现实世界在不断变化，但不论如何变化却永远需要翻译，并对翻译提出新的要求，新的课题。

1987 年

词义、文体、翻译

近年来有两个方面的发展，值得引起翻译界的注意。

一是翻译的规模越来越大，质量也显著提高，而且这是中外皆然，已经成了一种世界性的现象。

二是现代语言学的研究提供了一些新见解，可能会对讨论翻译问题有点帮助。

限于篇幅，这里只能对第二点简略地说些粗浅的看法。

一

翻译者必须了解原作的意义，然而确定意义却大为不易。通过词义学的研究，人们可以看出：

1. 词义不是简单地一查词典就得，而是要看它用在什么样的上下文里。试看下面几例：

Out in the west where men are men.

Do you mean funny peculiar, or funny ha ha?

He helped many young writers to find themselves and then to find publishers.

上面两个 men，两个 funny，两个 to find + object 都是

意义不同的，而其不同正是靠上下文来体现的，并且正因同一词在一句中有两义，才使这所说的话显得有点风趣。无怪乎颇有影响的英国哲学家 Wittgenstein 说：“The meaning of a word is its use in the language.” [1] 向来强调上下文（context）重要的现代英国语言学派的创始人 Firth 则更进一步说：“Each word when used in a new context is a new word.” [2]

上下文的重要，凡是翻译者都是深有体会的。但是我们要补充一点：上下文不只是语言问题。说话是一种社会行为，上下文实际上是提供了一个社会场合或情境，正是它决定了词义。上面第一例如果没有 out in the west，亦即没有在美国资本主义发展过程中大批白人涌向西部的历史大背景、大情境，那就无从确定第二个 men 是指的那些能骑马打枪的“男子汉”了。可见对翻译者以及一切学习和运用外语的人说来，如果要确实了解英语词义，就必须同时了解英语国家的社会情况。

2. 词义与用词者的意图不可分。换言之，不能只看语言形式。试举几例：

Have a drink.

Would you mind opening the window?

I wondered if you could help me with the luggage.

第一句不是命令，第二句不是问题，第三句不是过去时态

---

1 *Philosophical Investigations* (Oxford, 1953), p. 20.

2 “Modes of Meaning,” *Essays and Studies* (London, 1951), p. 118.

（说 wondered 只是比 wonder 更客气）——超过任何语法形式的重要性的是说话者的含义，即他的意图。所以语言学家 H. P. Grice 说："Meaning means intention."[1]

然而问题的复杂性还在于，在表达说话者意图的时候，有各种语言形式来传达细微的差别：

> Come for dinner tomorrow. / Why don't you come for dinner tomorrow?
>
> Take up his offer. / I should take up his offer.
>
> Pass me the salt. / Would you pass me the salt? / I would like a little salt, please.

这上面每一组句子都是表达同样的意图，然而其中各句语言形式不同，口气不同，可以看得出说话人与对方的社会关系也不同：有的话直截了当，显然是在自己家里对亲人或熟朋友说的；有的则更礼貌、更正式，像是说话人在别处做客。这一点，又使我们再度认识到前面所说的社会场合或情境对于语言运用的无比重要。显然，翻译者也应该在译文里传达说话人的意图以及他表示意图时在口气和态度等等方面的细微差别。

3. 意义是复杂的。一个词不仅有直接的、表面的、词典上的意义，还有内涵的、情感的、牵涉许多联想的意义。一句话不只是其中单词意义的简单的综合，它的结构、语音、

---

1 转引自 Peter Newmark, "The theory and craft of translation," *Language Teaching and Linguistics: Abstracts*, No. 1 (Cambridge, 1976)。

语调、节奏、速度也都产生意义。一词一句的意义有时不是从本身看得清楚的，而要通过整段整篇，亦即通过这个词或这句话在不同情境下的多次再现才能确定。莎士比亚在《奥瑟罗》一剧里让主人公一再称伊阿古为 honest，这个 honest 一词就随着剧情的开展出现了讽刺性的意义，既讽刺这词对于伊阿古的邪恶性格的完全不适合，从而产生了反义，又讽刺主人公对坏人的轻信，结果造成了杀妻的悲剧。同样，当莎士比亚让安东尼在凯撒尸体之前对群众发表演说，几次郑重其事地指出：

> For Brutus is an honourable man;
> So are they all, all honourable men.

群众很快就听出这 honourable man 一语是另有含义的，而 all 两次紧接出现，又使他们意识到勃鲁特斯并不比其余的暗杀者好多少，最后他们终于在安东尼的巧妙的煽动之下，反过来打击那批刺杀凯撒的“正人君子”了。

不只是这类重复造成意义的复杂，有时还有故意留下半句不说的现象，这也对译者构成了困难。这在成语、格言、典故的运用上是常见的，例如只说 fool’s bolt（说全应是 A fool’s bolt is soon shot），still waters（Still waters run deep），snows of yesteryear（But where are the snows of yesteryear?），plus ça change（plus ça change, plus c’est la même chose——虽是法语成语，在英语中也常有人说的），等等。最近读美国现代诗，又看见 Robert Bly 的诗中有这样一行：

And Wilson, saying, "What is good for General Motors—"

这个 Wilson 是曾在 1953—1957 年间担任美国国防部长的 Charles Erwin Wilson，他原是通用汽车公司总经理。当人们质问他为什么把几十亿美元的国防订货合同给了通用汽车公司时，他作了一个不失其生意人本色的绝妙回答："What is good for General Motors is good for the United States." 在这首诗里，作者把后半句略去了，然而美国人或留心当时美国情况的外国人是会懂得诗人的用意的。

但是这样的语言现象已不是词义学所能处理的了。词义学虽对翻译工作有点帮助，但范围有限。

二

现在我们来看看文体学又对翻译者有什么用处。

现代语言学家——以别于文艺学家——所研究的文体学是一门年轻的学科。它有几个基本概念也许是可以应用于翻译的。

1. 语言要适合社会场合。一群科学工作者讨论专业问题时所说的话不同于他们回家后对妻子说的，成人与成人之间所用的词也不同于成人对儿童用的，闲谈的句子结构不同于作正式报告，写起文章来总比讲话要句子修整，段落分明，而同样是写文章，法律文书、外交条约、会议决议案、商业合同等等又迥然不同于日记、私人信件——如此等等，研究结果，出现了三个多少有点用处的概念：一曰“语域”（register），即某一社会集团（例如从事同一职业的人）在特定社会场合（例如讨论本行业的技术问题）下所用的词汇、句子结构等等；二曰“语类”（varieties，如 varieties of English），即科学、商业、体育、宗教之类的文体；三曰“共核”（common core），即各语类各文体都必须要用，而且在任何一类一体中都用得最多最广的基本词汇、基本句型种种。这最后一点很重要，可以使我们不至于由于注意各类各体之异而忘了它们之间的同，而且在任何情况下总是同多于异的。从实际运用上讲，没有人能不掌握“共核”而独独能掌握某一语类或文体的；反过来，确实掌握了“共核”的人略经训练，要掌握某一特殊语类或文体却是并不困难的。

然而文学语言却构成了一个特殊问题。在文学语言中，不仅各类各体并存，而且作家们经常利用不同语类、文体的转换与对照来达到特殊艺术效果。而比这点更重要的则是：正是在文学语言中，“共核”的运用不仅最频繁，最活跃，而且达到了最能发挥其表达力的地步。

在翻译工作里，也必须注意语言与社会场合的关系。译文同样有一个适合社会场合的问题，同样必须能根据原文的要求，运用各种不同的语类、文体。例如翻译请帖、通知、布告、规章、病历与病情公告之类的“应用文体”，译者应该知道在译文里怎样寻到相等的内行的格式和说法。“油漆未干”必须译成英文的 Wet paint，而不应是“The paint is not dry”之类的外行话。“此处有炸药，注意安全”照英语惯例大概应该译成：“DANGER: EXPLOSIVES”。换言之，在这些地方就不能照汉语字面直译，而必须要寻找适合于英语国家同样场合的“对等说法”。过去我国出口商品（如罐头食品）上的说明与广告的译文显得很奇特，就是吃了照汉语原稿直译之苦。

另一方面，对于马克思列宁主义经典著作、外交文件、政府声明之类的翻译，那就要十分贴近字面，特别是在关键性的名词方面。事实上，只要译文句子符合所译成的语言的习惯，并且注意全文的连贯通顺，若干重要名词照原文直译不仅无碍于读者的接受，有时反而能显得突出而新鲜。Paper tiger，people's commune，male-chauvinism，political power grows out of the barrel of a gun 之类的词与说法在英语国家也有一定的流行，便是证明。

文学作品又如何？既然文体学的研究使我们看清它的复杂性，我们也就要用多种手段去翻译它。既然文学作品中各体并存，那么译者所掌握的文体的类别也要广些。既然在文学作品里“共核”运用得最好最精，那么译者也必须首先掌握所用语言中最普通、最本质的东西——而除非译者从小就兼通两种语言，这样深入、细微的掌握只有在运用本族语时才能做到。做到了这一点，又能深刻理解原作，那么直译与意译之争也就比较容易解决。简单地说，要根据原作语言的不同情况，来决定其中该直译的就直译，该意译的就意译。一个出色的译者总是能全局在胸而又紧扣局部，既忠实于原作的灵魂，又便利于读者的理解与接受的。一部好的译作总是既有直译又有意译的：凡能直译处坚持直译，必须意译处则放手意译。

2. 语言的运用常有程度不同的个人变异，而变异的目的在于造成突出，引起注意。每种语言都有运用上的常规，即有若干共同遵守的最基本的惯例，但在运用时则各人的“表现”不一样，有些人为了造成强调或其他效果，总要来点或大或小的变异，而以文学作家——特别是诗人——所作的变异为最多最大胆。变异即是对语言的创造性的运用。变异可以是词汇方面的，例如一本畅销小说里出现 two martinis ago（两杯鸡尾酒以前），这是容易理解的，并不离奇，而英国已故诗人 Dylan Thomas 写了 a grief ago 那就比较难懂了（是否指在发生一件惨事或事故以前？）。然而这与常规的 a year ago 之类的话，也只是一字之易。变异也可以是句法、语调和其他方面的，有时两句话分开来看都是最合乎常规的，然而合在一起却使人有一种猝然之感，例如：

I hope they do give you the Nobel Prize.
It would serve you right.

这是美国现代诗里继承惠特曼传统的诗人 William Carlos Williams 写给另一个诗人 Ezra Pound 的两行，其变异全在第二行。（人们不禁要问：为什么得诺贝尔奖金是“报应”，是“活该”？此中的消息是：这两人都自命不俗，也许在嘲笑这项奖金和它的获得者。）

对于译者来说，他有双重任务：一是要有慧眼能在原作里发现变异之处，而这就需要他对那个语言的常规很熟悉；二是要有本领能在自己的译文里再现这变异所造成的效果，而这就需要他对自己语言的各种表达方式有充分的掌握。

3. 变异最多见于形象语言，而形象语言的核心是比喻。比喻是随处可见的：

All grammars *leak*.

Einstein took a huge conceptual *leap*.

The British *thrusted* their language down the linguistic *throats* of the conquered peoples.

Those slick operators, with their *patent leather* souls!

以上见于非文学的“语类”。有的比喻用动词形式表现，有的用名词，有的用形容词，而在第三例里则由动词与名词合起来表现，二者呵成一气。比喻的好处：一是形象化，具体化，一见就明白，捉摸得住；二是高度集中，在纷纭现象中用一二字就点出核心，语言的运用不能比它更精炼了。而要做到这两点，须有将两种不同事物联在一起——将熟悉的、身边的东西同生疏的、辽远的东西联在一起，将琐碎的、实际的、无甚意义的小东西同一个大背景、大的精神世界联在一起——的想象力。正因如此，历来的哲学家、文学批评家都强调比喻的重要性，亚里斯多德就在《诗学》里称之为“天才的标志”。然而在时间的长河里，比喻却又是不断受到淘汰的，用久了成了套语，因此文学作家——特别是诗人——无不致力于创造新的比喻，新的形象。20 世纪作家笔下出现的比喻是这样一类：

The multitudinous windows of the new Hilton

look to me *like the heavy-lidded eyes of insomnia sufferers, aching for rest.*

White and black trade words *as do front-line soldiers lobbing back an undetonated grenade.*

All art must be for the end of liberating the masses. A landscape is only good *when it shows the oppressor hanging from a tree*!

这些比喻有明显的时代与社会特色，在它们背后有着70年代的“敏感”。有时比喻的运用持续几行诗句，如在Robert Lowell的“For the Union Dead”（1964）里：

. . . Everywhere,
giant finned cars nose forward like fish;
a savage servility
slides by on grease.

诗人对于“汽车社会”的鄙弃是如闻其声的。

比喻之常见与重要既如此，翻译者又应对它们采取什么方法，什么战略？在这里，文体学的“语类”之分似乎可以帮助我们决策。当然，每一个比喻或形象都需要根据它的实际情况慎重对待，但是一般地说，对于非文学的语类中的非关键性的比喻，特别是那些早已同普通语言化为一体的所谓“死比喻”（如：the bonnet of a car，foothills，throw a monkey wrench into之类），就无须拘泥，意译即可。而在文学作品之中，特别在诗里，既然比喻有着体现作者的敏感和时代风貌等等的特殊重要性，那就应该直译。所谓直译，是指：（1）不要用四字成语等套语去译，宁可“欧化”些，以保持其新鲜。（2）要十分准确。例如雪莱有一首题为“England in 1819”的十四行诗，其最后两行是：

> Are graves, from which a glorious phantom may
> Burst, to illumine our tempestuous day

这当中的phantom一词，按照我们现在通行的词典，有“幽灵，鬼怪；阴影，令人恐惧的东西”等释义，但用来译此诗都不合适。也许用“神灵”比较好些，因为雪莱此处此词所指的，实是革命，而“神灵”同后来马克思、恩格斯在《共产党宣言》第一句里所用的“幽灵”一词（德文是Gespenst，英译作spectre）——

> **一个幽灵，共产主义的幽灵，在欧洲徘徊**

——既可以有所区别，又可以有所呼应。雪莱当然想不到会有《共产党宣言》这一具体的书，马克思、恩格斯也未必对雪莱这一具体的诗或比喻有特别深刻印象，但是我们后世的读者心里明白：这两篇著作相隔不过30年，正是在这风云变幻的30年中，工人阶级揭开了人类历史的新页，一个年轻英国诗人在1819年所憧憬和渴望的，在1848年变成了震惊全欧洲的现实。在这样的背景之前，如果译者漫不经心地将 phantom 一词译为“鬼怪、怪物”之类，那就减缩了雪莱的革命性和预见性，也就是在一个关键的地方没有忠实于原作的精神了。

4. 适合就是一切。文体学的灵魂在于研究什么样的语言适合什么样的社会场合。译者的任务在于再现原作的面貌和精神：原作是细致说理的，译文也细致说理；原作是高举想象之翼的，译文也高举想象之翼。一篇文章的风格只是作者为表达特定内容而运用语言的个人方式，它与内容是血肉一体，而不是外加的、美化的成分。因此从译文来说，严复的“信、达、雅”里的“雅”是没有道理的——原作如不雅，又何雅之可言？

三

以上种种，无非是说词义学和文体学可能会对翻译问题的讨论带来若干新见解。然而我们又必须认识它们的局限性。有许多翻译问题是它们所没有或不能触及或根本不关心的，所触及的问题也往往谈得不深入，或只有零碎的材料罗列，而缺乏远的透视和大的综合。一种语言的运用就已经是十分复杂十分困难的事了，何况翻译者要处理两种语言呢！因此虽然他可以从现代语言学获得某些帮助，他必然还要求助于其他方面。例如一个文学翻译者会发现：在很多情况下，文艺学会对他更有教益；版本校勘之学可以帮他判断版本高下和文字真伪；文学史可以帮他了解作家所处时代的特点，作家在某一文学传统里的地位，以及与他同时的其他作家、出版商与读者的情况；文学批评可以帮他更加透彻地了解作品的艺术手段与通篇意义；等等。

但是我以为更重要的还是翻译者本身要有长期的、多方面的实践，从中积累甘苦自知的经验，在一定时候同其他的翻译者交流一下，其好处远超过读任何语言学或翻译理论的著作。

前几年看到一本 *Poems of the Late Tang*（《晚唐诗》，1965 年英国企鹅书店版），译者为英国人 A. C. Graham，他译了杜甫的《秋兴》和孟郊、韩愈、李贺、李商隐、杜牧等人的诗，译文和解说都很出色。他提到他曾用心译过杜甫的《登岳阳楼》一诗：

昔闻洞庭水　今上岳阳楼
吴楚东南坼　乾坤日夜浮
亲朋无一字　老病有孤舟
戎马关山北　凭轩涕泗流

但几经考虑，最后还是决定不发表译文，主要在于他不满意自己译文的最后一行：

As I lean on the balcony my tears stream down

原因是："Tu Fu will on occasion speak of his feelings, or at any rate his tears, with a simplicity which falls rather flat in English"（见该书 91 页）。这一点很有意思，他触到了一个词义学所不常处理的问题，即同一意义的词（涕泗与 tears

是完全的等同语），在不同文化传统、不同社会里所引起的不同反应问题。某些词在一个语言里有强烈的情感力量，而其等同词在另一语言里却平淡无奇，上列“涕泗”便是一例。反过来，也有某一词在原文里近乎套语，而照字面直译到另一语言却显得生动、新鲜，“雨后春笋”便是一例。人们喜欢谈翻译中“对等词”的重要，殊不知真正的对等词应该包括情感力量，背景烘托，新鲜还是陈腐，时髦还是古旧，声调是和谐还是故意不协律，引起的联想是雅还是俗等等方面的“对等”，而且在文学作品特别是诗的翻译中，还有比词对词、句对句的对等更重要的通篇的“神似”问题。这一切使得翻译更为不易，但也正是这点不易使翻译跳出“技巧”的范畴而变为一种艺术，使它能那样强烈地吸引着无数世代的有志之士——他们明知其大不易而甘愿为之，而且精益求精，乐此不疲；他们是再创造的能人，他们在两种文化之间搭着桥梁，他们的努力使翻译工作变成一种英雄的事业。

1978 年

翻译中的文化比较

人工智能是否会代替翻译才干？电子计算机、机器人是否会接管严复、林纾、鲁迅、郭沫若等翻译家的工作？也许有一天科技的发展会达到这一地步，但在此之前需要解决一个难题，即如何使机器人充满文化意识。

因为翻译者必须是一个真正意义的文化人。人们全说：他必须掌握两种语言。确实如此，但是不了解语言当中的社会文化，谁也无法真正掌握语言。

不是说一个大概的了解，而是要了解使用这一语言的人民的过去与现在，这就包括了历史，动态，风俗习惯，经济基础，情感生活，哲学思想，科技成就，政治和社会组织，等等，而且了解得越细致、越深入，越好。这样一大堆复杂东西，一个外国人又如何去了解？途径之一，就是利用各种现代传播工具，如电视，录像片，录音带，电影，报纸，杂志，书——各色各样的书，而其中文学作品又必然会占重要地位，因为文学无所不包，各种各样的社会生活和思想感情在文学作品里得到最具体、最生动、最厚实、最有来龙去脉的描绘，而从语言的使用上讲，文学作品里什么文体都有，各种表现手段齐现，正是语言的灵魂所在。

译者的第一个困难是对原文的了解。不论怎样难的原文，总有了解的可能，因为人类有很多共同的东西，这才使翻译成为可能；同时，原文尽管很容易，也总含有若干外国人不易了解的东西，这又使深入了解外国文化成为十分必要。

同样，译者还得深入了解自己民族的文化。

不仅如此，他还要不断地把两种文化加以比较。他在寻找与原文相当的“对等词”的过程中，就要作一番比较，因为真正的对等应该是在各自文化里的含义、作用、范围、情感色彩、影响等等都相当。这当中，陷阱是不少的。仅仅望文生义会出毛病，如将美国大商店或国际机场中的 rest room 看作是“休息室”，而不知它是指的公共厕所。不了解社会风气也会出毛病，如把一位学者帮助青年研究人员修改论文译成 He often helps his younger colleagues to complete their research papers anonymously，像是他在偷偷摸摸地代写论文！

困难在此，希望也在此。因为有翻译，哪怕是不免出错的翻译，文化交流才成为可能。语言学家、文体学家、文化史家、社会思想家、比较文学家都不能忽视翻译。这不仅是因为翻译者辛勤劳动才使得一国的文化遗产能为全世界的人所用，还因为译者作的文化比较远比一般细致、深入。他处理的是个别的词，他面对的则是两大片文化。

因此，一个有心的译者往往感受也特别深切，尤其在两种文化第一次大规模接触的时候。中国历史上有过几次大规模的佛经翻译，但是我们所知无多，而想提的问题不少，例如：高僧们在翻译过程中有些什么体会传了下来？为什么他们有时意译，有时则把词句连音照搬过来，甚至整本经都这样？有些什么经验教训？此外，我们难道不能透过译本去看看当时中国文化的情况——语言的情况，宗教的情况，人们学习外语的情况，士大夫的思想情况，一般人的心理情况，等等？那样一深入，一扩大，我们的翻译史也就会写得更活也更富于启发了。

另一次两种文化大接触——也是另一次大规模的翻译活动——发生在19、20世纪之交的中国。这也是一个饶有意义的历史时刻。在天津和上海，一北一南，出现了两位有抱负的翻译家。严复着眼于社会改革、富国强兵，介绍了一系列资本主义理论大书，却偏偏要用桐城派的古文笔法去译，理由是：

> 精理微言，用汉以前字法句法，则为达易；用近世利俗文字，则求达难。[1]

深入一层看，他另有目的。原来他寄望于官僚和上层知识分子阶层，想引起这些人来看他的译本的兴趣，因此必须投其所好，写出典雅的古文来。“汉以前字法句法”是他的推销术，其目的在打动他心目中特定的读者。[2]这一点，倒证明最近外国的翻译理论中的某些论点是有道理的。[3]无论如何，严

1《天演论》译序。

2 关于此点，请参阅本集《严复的用心》一文，此处不赘。

3 如尤金•奈达（Eugene Nida），他是主张根据不同读者对象来决定译法的。参阅谭载喜：《奈达论翻译的性质》，见《翻译通讯》1983年第9期。

复是一位苦心孤诣的译者，他了解西方资本主义文化，也了解中国士大夫阶层的心智气候即文化情态，两相比照，才定出了他那一套独特译法。

林纾也善写古文，外文却一字不识，可是奇迹产生了，在不到 30 年（1896—1924）的时间里，他译了一百七八十种外国作品。尽管其中有些书选择不当，但是中国读书界是通过他的译本而初次接触到塞万提斯、莎士比亚（尽管是改写成故事的莎士比亚）、迪福、斯威夫特、司各特、欧文、斯托夫人、狄更斯、雨果、托尔斯泰、易卜生（尽管他的剧本被改编成了小说）等等欧美名家的，而他首先抛向上海书坊的则是法国小仲马的《巴黎茶花女遗事》。时间是 1896 年，上海已由一个小县城变成一个受西方帝国主义列强控制的商埠即国际都市，官僚、买办、商人、小市民们逐渐对资本主义社会发生兴趣，因此这本以欧洲繁华都市巴黎为背景的言情小说一问世，就成了那时候的畅销书。一个古文家忽然成了翻译家，在他的第一个译本里向中国的读书界透露了两样新事物：西洋男女的情感生活（包括西洋式的门第观念）和西洋作家的小说技巧。

林纾是介绍者，但非崇洋媚外之徒；正相反，他是一位爱国志士。他在译斯托夫人的《黑奴吁天录》的时候，是感触很深的，曾经这样慨乎言之：

> 黄人受虐或更甚于黑人。……就其原书所著录者，触黄种之将亡，因而愈生其悲怀耳。……而倾信彼族者又误信西人宽待其藩属，跃跃然欲趋而附之。则吾书之

足以儆醒之者，宁可少哉。[1]

同样，他之所以被狄更斯赢去了心，也不只是因为这位英国作家有“化腐为奇”[2]的能力，或由于他“文心之邃曲”，连登峰造极的中国说部如《石头记》也不及，[3]而是因为他的作品为社会改革服务，而改革正是国家富强的途径：

> 英伦在此百年之前，庶政之窳，直无异于中国，特水师强耳。迭更司极力抉摘下等社会之积弊，作为小说，俾政府知而改之。……天下之事，炫于外观者，往往不得实际。穷巷之间，荒伧所萃，漫无礼防，人皆鄙之。然而豪门朱邸，沉沉中喻礼犯分，有百倍于穷巷之荒伧者，乃百无一知。此则大肖英伦之强盛，几谓天下观听所在，无一不足为环球法则。非得迭更司描画其状态，人又乌知其中尚有贼窟耶？顾英之能强，能改革而从善也。吾华从而改之，亦正易易。所恨无迭更司其人，能举社会中积弊，著为小说，用告当事，或庶几也。[4]

林纾有他天真的地方（例如想象不到伦敦还有贼窟），但他不以翻译为小道，而在翻译之中他随时都在比较，比较

1《黑奴吁天录》例言。
2《块肉馀生述》序。
3《孝女耐儿传》序。这等意见，也是中国最早的比较文学心得。
4《贼史》序。

中国之弱与英国之强，比较文学在英国所起的社会作用与中国之缺少此类文学。正是通过翻译，林纾本人的视野开阔了，思想也提高了。

然而中国社会的发展很快使严复和林纾成为落伍者，终于诅咒起他们自己帮着介绍进来的新事物来。1919 年前后，更大规模的翻译运动蓬勃兴起，马克思主义的著作被介绍了进来，北欧、西欧的现实主义戏剧被介绍了进来，而自来成为中国文学翻译重点的东欧和俄国作品更是大量出现。这后者，正是另一个伟大的翻译家鲁迅的用力所在。

鲁迅是文学家，但他的视野从不限于词章小品。在他还在日本留学的时候，他就写了《人之历史》、《文化偏至论》等篇文章，表明他对东西文化的异同和消长之势的关心。[1] 他的有名的《摩罗诗力说》是一篇纵论欧洲新诗歌运动的力作，也是比较文学研究的先驱，但其最后的着眼点却是中国——中国的精神生活，中国的将来：

> 今索诸中国，为精神界之战士者安在？有作至诚之声，致吾人于善美刚健者乎？有作温煦之声，援吾人出于荒寒者乎？[2]

鲁迅是怀着这样悲壮的心情来翻译东欧被压迫民族的作品的，于是而有《域外小说集》。后来，他译俄国和苏联作品。

1 参阅许国璋：《鲁迅在日本留学时期与西方文学的接触和他的哲学探索》（北京中美比较文学讨论会上论文之一，1983 年）。

2《鲁迅全集》，第 1 卷，北京：人民文学出版社，1981 年，第 100 页。

在别人讥讽他不懂新学说的笑声里，他又埋头翻译马克思主义的文艺理论，为了怕有歪曲而采取了直译法，并同形形色色的但求表面光滑的顺译派进行了论战。1934年，已经是患着在当时是不治之症的肺结核了，他又创办了《译文》杂志，依然着眼于为青年文学作者"竭力运输些切实的精神粮食"[1]。正是鲁迅，点明了翻译俄国文学作品的重要意义：

> 那时候知道了俄国文学是我们的导师和朋友。因为从那里面，看见了被压迫者的善良的灵魂，的酸辛，的挣扎；还和四十年代的作品一同烧起希望，和六十年代的作品一同感到悲哀。我们岂不知道那时的大俄罗斯帝国也正在侵略中国，然而从文学里明白了一件大事，是世界上有两种人：压迫者和被压迫者！[2]

联想到后来在中国红军中流行着法捷耶夫的《毁灭》等描写苏联革命战争的小说，指战员不仅从中汲取精神营养，而且研究游击战术，更不必说从20世纪初就开始的中国革命知识分子对翻译过来的马克思、恩格斯、列宁、斯大林的著作的如饥如渴的学习，翻译的伟大意义和实际作用是无须再加证明的了。也是鲁迅，用了一个从西方神话借来的典故，把当时在漫漫长夜中翻译革命理论和进步文学的中国译者如他自己说成是"从别国里窃得火来"，宛如传说中的普罗米修

1 转引自黄源：《从老〈译文〉谈起》，见《世界文学》1983年第3期，第288页。
2《祝中俄文字之交》，引自《南腔北调集》(1934年)(《鲁迅全集》，第5卷)，第55页。

斯从天帝那里把火偷给人类一样。[1]

鲁迅的上引文章里，也包含着文化比较，只不过这一次是着重中国和俄国的人民处境的相同：同是被压迫者，有同样的酸辛，也烧起了同样的希望。而后来的发展，又是两国人民同样走上无产阶级革命的道路。

不论比较同或异，翻译界前辈中的有心人总是在寻找对国家民族有益的东西，从起初的资本主义理论和爱国主义，直到后来的马克思列宁主义和现实主义文学。

但是翻译也带来问题。以文学翻译而论，常有这样一种情况：外国真正优秀的作品移植不过来，而二三流的作品却受到远超出其本身价值所应得的欢迎。也有另一种情况，在本国受到不应该的冷遇的作品，译成另外一种文字，显出了独特的光辉。这里面因素是复杂的，不能仅仅归因于译者的眼光与能力。主要的原因，仍是历史的、社会的、文化的原因。英国浪漫主义诗人当中，同样是第一流的诗才，译成汉文，华兹华斯远不如拜伦那样风行，而在英国，显然前者更受推崇。这原因，难道仅仅是因为拜伦有幸，碰到了苏曼殊等高明译者，而华兹华斯则始终没有获得知音？当然，两人诗才不同：拜伦的戏剧性和讽刺笔触比较好传达，而华兹华斯的那种表面淡泊、宁静而实则强烈的风格则任何译者也要见而却步。另外，《唐璜》那样的有故事情节的长诗译过来比较好懂，而《序曲》那样的诗体自传——“一个诗人心灵的成长”——在原文就没有广泛的吸引力，失去了原文的清

1 语见《“硬译”与“文学的阶级性”》，引自《二心集》（《鲁迅全集》，第4卷），第221页。

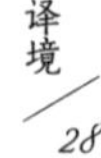

彻、洁净和节奏感，译文就更难见长了。这里就有语言的亦即文化的原因。但是更深入一看，我们又会发现:《哀希腊》的译文之所以在清末风靡一时，还因为它出现在一个汉族知识分子立志要推翻满清王朝统治的历史时刻，拜伦的那种慨叹古代文明之邦的后世子孙沦为异族之奴的铿锵诗篇引起了他们强烈的同感，而类似华兹华斯那样的自然观却是中国田园诗里常见之物，因此《丁登寺旁》之类的作品并不显得新鲜或独特。换言之，一个国家的社会文化本身的情况决定了外来成分的或荣或枯。

另外，同一著作或作品在不同国家的译本引起的反响常不一样，这也因为文化情况不同之故。一种思潮起自一国，通过翻译传播于世，有的国家接受很快，有的则抵抗强烈，在另外一些国家（往往是有古老文化传统的地区）则外来思潮还常被改造而濒于消失。这种情况，说明了思潮本身的强弱、虚实，也说明了有关国家本身文化的成熟程度和有无韧性。

翻译中也有今与古的问题。这里指的，是同一作品有几种译本，在不同时期出版。新旧译本之间也可比比质量高低。一般总是后来居上，前人认为困难的地方后人常能顺利解决，但往往也有所失，例如准确性提高，而文采减弱。另一方面，每个时期的译本也透露了当时的语言、出版、文学风尚、读者要求和总的社会文化情况。通过这些方面的对比，也可看出一个地区或国家的文化的发展是快还是慢，而后者又反映了整个社会面貌。

以上只是初步想到的若干问题。研究工作最怕缺乏材料而空谈理论，但就翻译而论，情况却相反，是有丰富的材料而理论还停留在严复的信、达、雅三点论。

20世纪的下半叶，翻译实践规模更广，质量更高。由于新的传播工具大量利用，学习外语的人大量增加，各国之间的文化交流也空前频繁，翻译的势头更猛了。根据61个国家提供的资料计算，1978年一年就有57,158部译本出版，有人称之为"翻译爆炸"。[1]实际上，这个数字并不能说明全貌，因为还有大量不公开出版的技术文件的翻译，更不必说无法统计的口译活动。从质量上讲，已故的英国名翻译家里欧（E. V. Rieu）在50年代就说过：今天英美的文学翻译已经"再度接近伊丽莎白朝的水平了"。[2]我们中国的翻译工作者在解放后所取得的成就也是非过去任何时期能比：马克思、恩格斯、列宁、斯大林全集的中文版，社会科学院外文所主持的三套丛书，商务印书馆的《汉译世界学术名著丛书》，《红楼梦》的全文英译，北京外国语学院对于国际会议同声翻译人员的训练，大量影片、电视片的配音，等等，就从不同方面证明了这一点。

实践既已如此提高，翻译的研究必然也会跟上去。我们对翻译原则和技巧的研究已经积累了成绩。现代语言学、文体学、文艺理论等方面的进展，电子计算机的利用，又为翻译研究开辟了新途径。如果我们能进而探讨翻译的文化意义

1 参阅安娜·利洛娃：《翻译爆炸》，见《信使》杂志中文版1983年9月号。

2 凯塞尔：《文学百科全书》，第1卷，英国伦敦，1958年，"翻译"条。伊丽莎白朝是英国翻译活动频仍、佳译竞出的兴盛时期，为英国文艺复兴的标志之一。

和历史作用，或者更进一步把它同比较文化这个新学科结合起来，那就会增加一整个新的方面。这方面的研究成果将能使我们在进行文化交流的时候，更能透视全局，纵观古今，更能根据不同对象，提高实际效果。单从这一点来看，翻译研究也是大有可为的。总之，它是古已有之，于今为烈；它本身积累了无数世代的经验，亟待总结提高，又出现了若干现代学科与之交叉；它是一种老艺术，又是一门新学问。

1984 年

翻译与文化繁荣[1]

同志们，今天讲的只是我看到的、听到的、读到的一些东西。我个人所知有限，在座有很多有经验的翻译家，请大家批评指正。

第一点，大量的翻译实践为四化建设作出了贡献，也丰富了我们的文化生活。现在翻译的面很广，就是我们这些学校里头的人，也同一些外国大学有些事务上的来往。比如说，跟外国人合作编一本什么书，出版一本什么词典，就要订合同。合同的语言跟我们普通学校里所学的不一样，有它的一套格式。

我想很多搞外贸工作的同志在这方面的经验就很丰富。因为在这些机构里，会有大量的来往信件和商业方面的一些文件需要翻译。我认为这是个好事情。因为这样一来，我们的外文和中文运用都能够进入到一个更加开阔的领域。又如，科学家到国外参加学术会议，有的时候需要把他的整个论文或科学试验报告译成英文或者其他外文。如果不全文翻译，也得有一个外文的摘要。那么，这个摘要怎么写，也是过去学校里头没教过的。这样，也使大家增加一种经验。再

1 本文系根据作者于1984年10月在福建省译协成立大会期间作的学术报告的录音整理而成。

如这次开奥运会，我国运动员成绩非常之好，他们跟外国记者交谈就要通过翻译。他们一般都不懂外语，那么，翻译又多了一件事情；他们谈的也不仅仅是如何跳高之类，记者也可能问到他的家庭生活，问到他个人的许多事情。那么，担任这些翻译的人一定也得到了新的翻译经验。我们的运动员在国外受到访问很多，大家印象很好。因此，翻译对提高我们这个国家在国外的名声，直接作出了贡献。另一方面，对于他本人也是个很好的考验。因为语言最怕是“闭门造车”，尤其是我们学外语的，要是只抱着几本语法书、一两本词典，而没有得到广泛运用的机会，那么外语的掌握就会有各种缺陷。

文学翻译也是这样。现在我国的外国文学的杂志多得很。大量的外国短篇小说、诗歌，也有长篇小说、剧本、广播剧之类，都翻译成中文。这个面比起以前要大得多。在更高级的文学翻译方面，也有许多新的现象。比如说，现在翻译的难度更大了，过去人们不太敢译的东西或者译得不全的东西，现在都是整本地翻译出来了。比如《红楼梦》，过去外国无论是英国、法国、德国，可能也包括苏联，都只有节本，不同程度的节本。但是，现在有了全文的翻译。外文出版社的杨宪益、戴乃迭两位同志把全书翻译出来了。英国牛津大学的 Hawkes 教授也完成了另一个全译本。这几位译者都是知难而上，成绩辉煌。我有时拿《红楼梦》一看，很多地方读不懂或者似懂非懂。遇见宝玉或者秦可卿房间里的陈设之类，我就未必真懂，马马虎虎看过就了事。把这些东西译成英文谈何容易，所以过去人们是不译的。小说里边还有许多诗词、对联等等，中国语言的许多特点都在那里，现在都译出来了，而且整个讲，翻译得很不错。外国也有这个现象。比如说荷马的史诗，最初是用诗译的。16世纪的查普曼、18世纪的蒲柏都用诗译过。到了近代，人们觉得英语韵文传达不出希腊史诗的特殊效果，所以改用散文来译。现在不然了，有好几个译本都是用诗体翻译的，而且译得不坏，比如美国的Robert Fitzgerald翻译的荷马的《奥德赛》，读起来非常引人入胜，真是后来者居上。又如日本的《源氏物语》，过去Arthur Waley译的是节本。Waley是很有功劳的一个译者，但是他有一个毛病，就是删节厉害。比如《西游记》他也删节。《源氏物语》现在有一个美国人Seidensticker翻的全译本，日本政府还给了他一个翻译奖。又如《西游记》，现在有个美籍华人叫余国藩的，是芝加哥大学的教授，很有学问。他把《西游记》的全文都译成了英文，而且大家公认是译得不错的。刚才说的是中译外，外译中也有很多好的。我这里想提我的一个朋友，已经逝世了的诗人叫查良铮。他译的拜伦的《唐璜》已经出版了，译得非常之好，很传神的。以诗译诗，不是用散文。我最近看到已故著名诗人戴望舒的《戴望舒译诗集》，湖南人民出版社出的。过去我们都不够注意，这次我因为要作点研究，仔细地读了一遍，读后非常佩服。他译了法国诗人波特莱尔的名作《恶之花》的一部分，还有西班牙诗人洛尔迦的名作《吉卜赛谣曲集》和《伊涅修·桑契斯·梅希亚思挽歌》。我不懂西班牙文，但是，借了一本西班牙文词典，对照着英文译本一起读，发现英译漏了几个关键性形象，总的文字质量不如戴译，虽则英译者也是一个很有名的诗人，叫做 Stephen Spender，而且还有西班牙人同他合作。所以，我们翻译界确实有很多值得大书特书的事情。我又要加一句，翻译有一种过渡性，怎样好的译本也难于永远存在，需要不时重译。因为文化在发展，语言变了，人们对作品的研究也加深了。近年来的事实也是这样，许多名译被新译所代替，而且总的说来，确是越译越好，这也使得翻译工作不是呆滞的、停顿的，而是流动的、开放的。

现在谈谈口译。最近我们国家里的口译活动非常频繁。开一个国际会议或者进行一个商业上的谈判，都需要口译。口译很辛苦，但苦中有甘，可以提高语言能力，提高抓要点和临机应变的能力。语言是要多方面去接触、去实践的，仅仅靠学校里学的那一点是不够的。我们也搞了一种很特殊的翻译，那就是电影的配音。我觉得在这方面我们新中国作出了突出的成绩。外国影片如果没有很好的配音，演出来就没有效果。许多人喜欢外国的某些片子，主要原因之一，就是我们的配音做得好。有的配音真是使人佩服。比如说《傲慢与偏见》，念英文的人无不熟悉这部小说，它里头的语言艺术是很高的，英文的很多妙处可以从这里头看出来。它的情节没什么了不得，没有扔炸弹，没有打仗，就几个女孩子谈来谈去。但是，你看得很有兴趣。你要是仔细看看，里头有许多社会情况，也会发现作者对婚姻、恋爱有她自己的看法。她不喜欢虚假的、自私的、装腔作势的人，对他们讽刺得很妙。这样的文字翻译出来是很难的。但是，我看过一部译制片，是 40 年代的老片子，黑白的，而配音却很好，很多俏皮话，居然都译过来了。后来我看电视报道，才知道配音工作是非常辛苦、麻烦的，需要导演、翻译和演员几方面的合作，比我们翻译文章要难多了。它要合乎口形，话不能文绉绉的，太文人家听不懂。比较一下，建国初，我们看《宝石花》之类的苏联电影，配音就差得多，有些话我就听不太懂，腔调特别不好听。现在不同了，我们不仅能很好配音，而且能够表现性格。我觉得这些同志应该受到极大的赞扬。

口译当中，难度大的是同声传译，需要特别技巧。不要认为任何人只要中文好，英文好，就能够搞同声传译。不是的，要经过锻炼才能做好。讲话有几种，有一种是准备好的演讲稿。那么你可以照念，比较容易。但是即席发言，在激烈的辩论里的发言，同声翻译就要有一套技巧。做得差的又是什么样呢？翻译出来的尽是些不重要的话，真正要紧的话没翻译出来。日常口语中，有许多话都是陪衬的，或者是句子的引语、插入语，或者是客气话，把那些都译出来了，而要紧的话，比如一个论点、一个主张本身却没让人听清楚，这就是没抓住要点。人人都知道要抓要点，但是需要训练，不经过训练是达不到的。现在我国有了这样的训练机构。北京外国语学院受联合国的委托，办了一个译员训练班，主要就是训练同声传译。原来，外国人也好，中国人也好，都对这个班信心不大。外国同声译员的待遇是很高的，有很多人抢这个工作。联合国里头有很多都是有经验的人。你们这些学生能行吗？而且北京外国语学院教同声传译的教师都是中国人。外国教师是有的，但教别的课程。每年暑假联合国要派一个以翻译司、处长为首的考试团来，考试是很严格的。但是每次考的结果是全部成绩优秀，全部都录用。这种情况人家很奇怪。每次来，人家都是要看，注意地观察。他们都是很有经验的翻译，但事实摆在那里，他们也只得承认。这个工作我们开展了，而且做得还不错，这在过去是不能想象的。还有，别的国家的译员都是把外语译成本族语，我们的译员则是两者能互译。这也是一个特点，世界上只有阿拉伯语的译员也是这样。

这样大量的翻译活动产生了什么影响呢？首先是提高了外语运用的能力。外语现在已经走出教室，进入社会，而且用得比以前灵活了。多年以来，总有一个争论，就是：学讲外语是正确第一，还是流利第一？多数的教师恐怕还觉得正确最要紧。因为很明显，如果你讲的句子错了，你再讲得快也不行。过去受英美影响较深的地区，讲英语讲得流利的人很多。但是，一般讲得并不好。可是，过分强调正确性也不好。我们学生里头还有这种情况：就是句子讲出来都不错，尤其语音不错，有的叫你听了非常之舒服。到外国去人家也佩服。但是，讲得太慢，话太少，宁可正确而不愿意多讲。因此，有很多思想不能表达，或者表达得不能透彻。这是缺点。现在不同了，教学上鼓励学生多讲，讲出自己的真实思想感情，能同对方交流，讨论问题，有来有往，还要讲得有点思想深度。对于语言质量要求也越来越高。我举一个英文的例子，是听来的。有一次，口译员把“采取具体步骤”译成“Take concrete steps”，另外一些译员就笑他，说：“You don't take concrete steps. You walk on them.”因为，concrete steps 可以理解为“洋灰做的台阶”。由此也看出文学的重要性。当然，我们不能只念文学，要念大量其他东西，但是又不能不念文学，甚至不能不念诗。为什么？因为诗人也好，小说和散文作家也好，都是力争把他的语言保持在一种很新鲜、很锐利的状态，因此就必然反对套话。此外，文学作品里面什么语言都有，包括法律用语、科技用语、行话、黑话、私房话，应有尽有，因为文学写的是生活，而生活是包罗万象的。

很多人学英语学到一定程度，口语还是不能够达到很高的水平，不是语音、语法、词汇的问题，而是教育程度不够，文化教养不够。如果对人对事物不关心，对知识上的新动向无兴趣，特别是对自己国家里的文史哲和科技的进展缺乏起码的知识，那就不会有多少东西可谈。谈起来也会干巴巴的——要不然就是油腔滑调的若干会话套语。比如，陪外宾到颐和园去玩，真正的得力的翻译除了讲这是什么地方，这桥是什么时候建的之外，还能提供一定的背景。比如，一进门，我们碰到一块大石头摆在当中，供人观赏。这岂不是比外国人的现代抽象雕刻还要抽象吗？而且我们无须拿金属之类来扭成什么形状，只用来自大自然的石头，趣味又是多高！又比如说，你走到里边去，看见远处有玉泉山的宝塔。宝塔是在颐和园的外头，但是颐和园有很多的景不能离开它。园林专家称之为“借景”。换言之，我们的祖先在设计一个花园的时候，早就把整个区域的风景打算在内。那么，你可以说，你看那远山和宝塔，它们构成了我们这个园子的风景的一部分，这就是我们园林艺术的一个特点。你这样一讲，如果那个外国游客也是一个有教养、有文化的人，就会对你产生一种新的感情，他对中国青年的看法也就不一样了。问题是：这种文化教养从何而来？从家庭，从社会，也从学校。过去，我们学校的课程太狭窄了。外语院校主要就是一门实践课，五年一贯，最高的成就就是能听懂外国广播。这究竟算什么样的大学教育呢？现在当然改了，一、二年级打基本功，三、四年级或者五年级就有大量的选修课。也成立了一些新的专业，如六年制的国际文化专业和国际新闻专业，学生可以拿两个学位，一个是英语（英国语言文学）学士，另一个是国际文化或新闻学士。

我们开始用英语来讲授中国文化。大家听了会说：中国人干嘛要用英语教中国文化呢？因为有这个必要。一方面可以了解国外人家怎样研究我们的文化，国外也有材料丰富的学术著作，讲中国哲学、历史、文学、艺术。另一方面，我们应当学会怎样对大量的外国来访者或者外国听众介绍我们的文化。到外国去讲学，更该讲中国的东西。那么，你在国内学一学岂不是很好吗？这样，外语学生也可以更加注意中国学问。这一类课程主要由中国外语教师来开，用外国材料，然而观点是中国的，马克思列宁主义的，有中国的特色。总之，这一方面还大有可为，应该使每个学生有点专业。这个专业可以是文学、语言学、哲学、历史，也可以是世界经济、国际法、社会学等等。我觉得还可以伸展到播音、演剧、编写与制作电视剧，以及外文印刷、出版等等领域里去。此外开始在上英文创作课（creative writing），这是造就将来的《中国日报》之类的英文报刊的编辑、记者的课，将来的重要文件的英译定稿者也将出自这等地方，只有英文写得好，甚至能写诗，写剧本，才会有真正高明的英文翻译。无论如何，能直接深入地阅读外国材料，能通过广泛接触了解外国社会，这是外语学生的优势所在，要好好利用，但他们必须对文化上的事情有一种好奇心，有一种能自己钻研的能力，不要什么都靠教师开课讲。很多东西不需要听课，可以自学的。这是我要讲的第一个大点。

现在讲第二点。可能同志们希望知道，在翻译理论的探讨上，有些什么新的苗头、动向呢？我首先要说明，大家不要听到“理论”这两个字就感到不妙，以为是很枯燥的，或者玄而又玄的。其实理论应是出自翻译实践又能指导翻译实践的。我们要能够通过丰富的翻译经验总结出几条来，这几条要很精炼，不是很玄，能对以后的翻译工作起指导作用。严复的信、达、雅这三点就是理论。他是一个伟大的翻译家，能够把他的实践总结出这么三个字，了不得。我们要的理论是这样子的，但是不要以为这个很容易，这个最难，而且据我所知，科学界也是这样。爱因斯坦有一个有名的公式，$E=mc^2$。你看多么简洁，任何人一看都很清楚的，而且有一种特殊的美。我们就要这样的一种理论。

那么，现在有些什么新的动向呢？简单讲，可以分两个方面。一个是扩大，这个与语言学的研究有关系，由于语言的运用扩大了，语言的理论、翻译的理论也扩大了，扩大到一些人们不太注意的语言因素，现在大家也进行研究了。当然，人们通常注意的因素也在继续研究，而且搞得比过去更好。例如运用录音机大量收集活的语言素材，成立材料库，又拿电子计算机加以整理，法国一部有名的大词典叫做《法语宝库》就是在这样的基础上编的，现在还在进行。伦敦大学也有一个夸克教授主持的“英语用法调查”研究项目，《朗曼当代英语词典》的例句有许多就是出自那里所积累的材料，因此为人所贵。但是同时，对一般不太注意的语言因素现在也注意起来了。在口语里头，比如说，你的声音怎么样？听耳机里的声音是比较吃力的。所以，口译者的声音要比较悦耳，如果很单薄、很尖，就使听者反感，达不到翻译的目的。这类过去不研究的东西，现在作为一种语言因素来研究了。书面语里头也有很多新的研究项目，看起来似乎与语言不相干，但与语言的社会作用有联系。例如在美国，为了求职或取得奖学金之类去交个人学术履历，总要用最好的纸，打字也要清楚无讹，排列也要尽量美观。这是扩大，其中都有社会文化因素。翻译里最大的困难是什么呢？就是两种文化的不同。在一种文化里头有一些不言而喻的东西，在另外一种文化里头却要费很大力气加以解释。对本族语者不必解释的事，对外国读者得加以解释。每个翻译者都有这类经验。有的时候，我们想办法在本文里头加上一二字略作解释，特别是在译诗时如此，不一定都采取加注的办法。还有一些社会习惯影响语言。比如说，中国的士大夫是不谈钱的，要谈也采取比较间接的方式。外国就不这样。所以同样地写封信给一个出版社，写法就不一样。我们往往不提报酬。反正出版社有一定的稿费办法，会照发的。我们自己也不好争取。外国人首先一条，就是要订一个合同，会问：What are your terms?（你给我个什么样的条件？）或类似的话。这些话如果译成中文，有些中国读者会瞧不起这个人，说，你看这个大作家，怎么整天谈钱呢？

不同的习俗也影响了成语。有些成语大体上相仿，可是在关键的地方不一样。英语说 love with my heart（用我的心爱你），和中文差不多。但 Nida 在一篇文章中说，世界上别的语言有不同说法，或说 love with my liver，或说 love with my stomach，甚至 love with my throat。这种地方你就不能死译。

除了扩大，还有加深。关于加深，我想谈三点。

第一点，针对词对词的翻译法的缺点，人们提出，要译出整个概念，或者整片情感。这样就不是词对词，甚至不是句对句，而要注意句以上的单位，如段，如整篇文章。现在研究语法也有这个趋势，已经出现了 text grammar，或译“话语语法”。另外，也更加注意语言里头那种比较难抓住的因素。有时很小一个字，但是它在情感上的作用很大。例如嘲讽，戏仿，故意的低调低姿态，轻描淡写，等等。

第二点，讲文体，不同的文体要有不同的译法。比如一个布告，就要用一种合乎布告的语言来译，广告有广告的译法，通知有通知的译法，等等。那么政治文章呢？要注意关键名词。要力求准确，否则会出大问题。翻译小说要把故事、情节、对话等翻译清楚，要译得比较顺畅好读。翻译诗呢？要考虑格律、音韵、形象等等问题，要注意是咏唱体还是说话体，要努力传达整首诗的情调。总之，不同的文体要有不同的办法。

第三点，更多地注意读者。过去译者经常想的总是：作者的企图用意是什么？因此也注意作者的时代、出身、教育程度、经历、交往种种，很少考虑到读者。其实一部作品要靠读者来最后完成，作者总有读者对象，而作品的效果又完全看读者的反应。这就出现了一个新的因素。实际上，有时候译者纠缠不清的问题，读者认为无关紧要；而他们认为是很重要的东西，译者倒疏忽了。现在甚至有一种极端说法，即针对不同类型的读者，出版不同的译文。我对此是怀疑的，因为我怕出现一种针对教育程度不高的读者群而准备的简化的译文，那就会像外语学生读的简化名著一样，只剩下了故事大概，而形象、气氛、文采等等都不存在了。但是，确要考虑读者，考虑读者可能有的反应，这一点是完全正确的。这就是说我们译本要不断地更新。比如严复的译文确实很好，但他有他心目中的读者对象，也就是一些当时的士大夫，关心大局的上层知识分子，想要通过所译的书使他们能够接受资本主义的思想。所以他介绍的都是大书，从政治经济学，一直到自然科学如《天演论》。但是，今天我们就不能用他的译本了，很多人都念不懂。所以要重新翻译。不能只看原作者意图或译者的意图，不能只管少数批评家满意不满意，也要看读者接受得怎么样。这个因素应该考虑进去。

我最后还有几句话。我们如果回顾一下，就会发现我们今天离开严几道、林琴南两位伟大的先驱者已经很远了，国家的情况也大为不同了，应该根据我们今天的实践来作我们今天的总结。我们现在的实践在不断地扩大。世界上翻译工作者的同行也越来越多。文化接触在不断地增加。因此，翻译无论是当作艺术也好，科学也好，甚至叫它技术也好，它是有无限广阔的前途的。它是一个生长点，它正在生长。它也是一个开放的领域，有很多很多事情可以做。我们必须不断地学习，不断地深入观察，不断地深入实践。翻译者是一个永恒的学生。

1984 年

严复的用心

在历史上，一个大的文化运动往往有一个翻译运动伴随或作为前驱。中国在 19、20 世纪之交酝酿着一个文化上的巨变，也有一个翻译运动应运而生。只不过，这个运动虽然造成一时声势，影响更为深远，却只是两个人的努力结果。1896 年林纾译了法国小仲马的小说《巴黎茶花女遗事》，使中国读书界了解到西方大都市中青年男女的感情生活。1897 年严复在天津创办《国闻报》，开始在上面连载他自己所译的赫胥黎的《天演论》，让中国高级知识界接触到当时最新的西方思想（原书出版于 1893 年，四年后就出现中译，可见严复是力求及时的，仅这一点也可看出他用心之良苦）。后来两人都取得巨大的成功。今天看来，林纾不懂外文而能译外国文学作品达 180 种之多，是克服了特大的困难才能做到的；然而从另一个角度看，也许严复的成就更为难得——因为林纾所译的文艺小说比较容易引起读者兴趣，而严复所译则都是我们今天要称为理论书的大部头著作，不是消遣读物。然而它们不仅赢得了相当数量的读者，而且引起他们严肃认真的思考，其故安在？显然，首先因为它们出现在一个历史转折的前夕，饱经帝国主义列强侵略和清朝皇帝专制统治之苦的中国知识分子忧国忧民，正在寻求救国革新的真理，因此才能对西方的新理论新学说发生好奇心。然而如果没有严复在翻译上下的功夫，那么这种好奇心是不容易得到满足的，即使初步引起了也难于使它持久。所以严复的翻译的重要性可能比我们所已经认识的还要大，而他所采取的翻译方法也可能是另有深意在的。

让我们重新读读他所译的《天演论》的开场白：

> 赫胥黎独处一室之中。在英伦之南。背山而面野。槛外诸境。历历如在几下。乃悬想二千年前。当罗马大将恺彻未到时。此间有何景物。计唯有天造草昧。人功未施。其借征人境者。不过几处荒坟。散见坡陀起伏间。而灌木丛林。蒙茸山麓。未经删治如今日者。则无疑也。

再让我们看看原文：

> It may be safely assumed that, two thousand years ago, before Caesar set foot in southern Britain, the whole countryside visible from the windows of the room in which I write, was in what is called "the state of Nature". Except, it may be, by raising a few sepulchral mounds, such as those which still, here and there, break the flowing contours of the downs, man's hands had made no mark upon it; and the thin veil of vegetation which overspread the broad-backed heights

and the shelving sides of the coombs was unaffected by his industry.

两相对照，就可以发现严复是把整段原文拆开照汉语习见的方式重新组句的：原文里的复合长句在译文里变成了若干并列短句，主从关系不见了，读起来反而更加流畅。原文里第一人称的I成了译文里第三人称的“赫胥黎”，也是值得注意的变化。为什么要这样变？很可能，是为了要使译文读起来像中国古代的说部与史书，史书的开头往往是：太史公曰、臣光曰之类。对于科学名词的处理也是煞费苦心的——严复本人曾经说过一段话：

新理踵出。名目纷繁。索之中文。渺不可得。即有牵合。终嫌参差。译者遇此。独有自具衡量。即义定名。……一名之立。旬月踟躕。

他并不怕创立新名词；事实上，他颇创立了一些，有的还颇为巧妙，如以“涅伏”译nerve，“名学”译logic，“群性”译political nature，“化中人位论”译Man's Place in Nature，“清净之理”译pure reason，等等。然而他又体念读者的困难，尽量少用新名词，凡能用中国成语者都用成语，因此将上段引文中的the state of Nature译成了“天造草昧”。

如从风格着眼，人们又会看出：严复这段译文写得比赫胥黎的原文更戏剧化。原文首句是板着面孔开始的：

It may be safely assumed that . . .

而译文的第一句：

> 赫胥黎独处一室之中……

则立刻把我们带到了一个富于戏剧性的场合，引起我们的推测，悬想。而且这不是孤例。在原文本段略后处，赫胥黎简要地写了“unceasing struggle for existence”几字，而严复的译文则是：

> 战事炽然。强者后亡。弱者先绝。年年岁岁。偏有留遗。

不仅是加了好些字，而且读起来简直像一个战况公报了！

我们禁不住又要问：他为什么要这样？为什么要把一部科学理论著作译得如此戏剧化？有一点也许可以提出作为部分的回答，即：他是要把此书译成一本有强烈的历史意识的著作，所以他也就调动他所掌握的种种风格手段来增强读者的历史感。这对于一部纵论人类亿万年来通过物竞天择的无情斗争而演化到今天的重要著作，无疑是完全适合的。

严复还曾译过英国诗，这一点论者不多。就在这本《天演论》里，我们发现他译了赫胥黎所引的一段诗，原文是：

> All Nature is but art, unknown to thee;
> All chance, direction, which thou canst not see;

All discord, harmony not understood;
All partial evil, universal good:
And, spite of pride, in erring reason's spite,
One truth is clear, Whatever is, is right.

作者是英国18世纪重要诗人亚历山大·蒲柏（Alexander Pope），出处是他的名作《人论》（Essay on Man），特别是最后一行（“凡存在的都正确”）是人们经常引用来说明当时统治阶级所支持的理性主义的绝对自信的。蒲柏的诗不好译，因为他虽无多少新见解，在表达艺术上却是公认的最有才能的大家。严复是否了解蒲柏的重要性，我们不知道；但是他的译文是颇见功力的：

元宰有秘机。斯人特未悟。
世事岂偶然。彼苍审措注。
乍疑乐律乖。庸知各得所。
虽有偏沴灾。终则其利溥。
寄语傲慢徒。慎勿轻毁诅。
一理今分明。造化原无过。

首先，这是用韵文译韵文，格律是严谨的，比后世的用散文来译高明多了。其次，译文很有原文那种肯定、自信的口气，连蒲柏的教训人的神情也传达过来了。第三，蒲柏每行中有一反一正两个意思，译文也照样，对照分明，干净利落。但严复并不是无懈可击的。最后一行译文的下半——

“造化原无过”——缺乏原文的确切性和概括性，在一个小结前文的紧要地方他译得过分自由了。

* * *

我们对严复的翻译实践已略有所知，现在可以进而研究他的翻译理论了。就在《天演论》的卷头凡例里，严复提出了他的“三点论”：

> 译事三难信、达、雅。求其信已大难矣。顾信矣不达。虽译犹不译也。则达尚焉。……
>
> 易曰修辞立诚。子曰辞达而已。又曰言之无文。行之不远。三者乃文章正规。亦即为译事楷模。故信达而外。求其尔雅。

这是一段名文，是近代中国最有名的翻译理论，后来讨论翻译的人很少不引它的；但是紧接的下文同样值得注意：

> 此不仅期以行远已耳。实则精理微言。用汉以前字法句法。则为达易。用近世利俗文字。则求达难。往往抑义就词。毫厘千里。审择于斯二者之间。夫固有所不得已也。岂钓奇哉。

如果我们暂且撇开一点不论，即为什么必须用“汉以前字法句法”才能传达“精理微言”，我们会看出严复的“雅”是同他的第一亦即最重要的一点——“信”——紧密相连的。

换言之，雅不是美化，不是把一篇原来不典雅的文章译得很典雅，而是指一种努力，要传达一种比词、句的简单的含义更高更精微的东西：原作者的心智特点，原作的精神光泽。我们在上文提到过的"戏剧化"就是这种努力的一端。

而严复之所以选择"汉以前字法句法"，也不只是从语言或风格着眼的。他从事翻译是有目的的，即要吸引士大夫们的注意。这些人足以左右大局，然而却保守成性，对外来事物有深刻的疑惧；只是在多次败于外夷之手以后，才勉强看向西方，但也无非是寻求一种足以立刻解决中国的某些实际困难的速效方法而已。严复比他们看得远；他知道事涉根本，必须彻底改革中国社会，而要改革奏效又必须引进一整套新的思想。他所翻译的书是经过精心选择的：亚当·斯密的《原富》，蒙德斯鸠的《法意》，穆勒的《名学》和《群己权界论》(即《论自由》)，斯宾塞的《群学肄言》，赫胥黎的《天演论》，等等，每一本都是资本主义思想的奠基之作，涉及经济、政治、哲学、社会学、科学等重要方面，合起来构成近代西方的主导的意识形态系统。正是在这一点上严复表现出他是一个不同一般的高超译者：他对于西方文化的了解比人们所承认的要深得多，他想通过翻译达到的目的也比人们所觉察的要大得多。

但他又认识到这些书对于那些仍在中古的梦乡里酣睡的人是多么难以下咽的苦药，因此他在上面涂了糖衣，这糖衣就是士大夫们所心折的汉以前的古雅文体。雅，乃是严复的招徕术。

他成功了：硬是把一本又一本讲西洋资本主义政治经济

学的理论大书介绍到了中国知识分子中间，使得其中对西洋文化无兴趣甚至有反感的人也认真阅读和思考起来，产生了一系列重大后果，有的且为严复本人始料所未及。他的翻译实践是全力争取这样的读者的实践。拿实践来检验他的理论，我们就容易看出：他之所谓“信”是指为这样的读者准确传达原作的内容，“达”是指尽量运用他们所习见的表达方式，“雅”是指通过艺术地再现和加强原作的风格特色来吸引他们。吸引心目中预定的读者——这是任何译者所不能忽视的大事。

1981 年

文学翻译中的语言问题
——一次讨论会上的发言

为什么有的作品好译，有的不好译？

除了内容方面的问题，主要是因为有语言上的困难。

这困难可分两类：一类是作品本身语言的性质，一类是译者的语言状况。

有些问题是明显的，例如：

就作品论，语言的新和旧；

语言的“文”和“白”，“白”还可分舞台式和街头式；

语言是繁复还是简约，明朗还是幽深；等等。

就译者说，个人的条件决定了适应于译何种性质的语言，不宜于译另外性质的。

他应该选择与自己风格相近的作品来译，无所不译必然出现劣译。还有一个重要因素是译者所处时代和社会的语言的总的状况：语言处于比较停滞状况的时代和社会不利于翻译，而一个开放的、活泼的时代和社会则易看到翻译高潮，如英国16世纪，中国五四时期。

是否还有其他需要考虑的因素？

看来还有一些。我在这里只想提出三点供商讨：

一、作者的倾向；

二、语言细节与文化大局；

三、语言的某些其他用途。

* * *

一、作者的倾向。

趣味、调子、敏感性、创造性等等都属此。

瓦雷里（Paul Valéry）是著名的法国后期象征派诗人，其名诗之一为《风灵》（Le Sylphe）。中国译者卞之琳译了此诗，其中一节原文是：

Ni vu ni connu,
Le temps d'un sein nu
Entre deux chemises!

卞译作：

无影也无踪，
换内衣露胸，
两件一刹那！

译文出来之后，有一位评者认为第二行应改译"换衣露酥胸"。这位评者所追求的，恰是作者——还有译者——所竭力避免的。"酥胸"是滥调，是鸳鸯蝴蝶派的词藻，而原诗是宁从朴素中求清新的。

这个例子说明的是：高雅的作者，体贴的译者，趣味不高的评者。

弄懂作者的口气也不易，弄懂了在译文中处理也难。语言中有词的“分量”（weight）问题，意义大体相当的词在不同语言中有不同的分量，如“眼泪”一词并不完全等于tears。英国有译者认为杜甫的《登岳阳楼》中的一行“凭轩涕泗流”不好译成英语，译了变得很平淡，缺乏原作的情感力量。其实英语中tears一词的情感力量，亦即它的“分量”是经过了变化的。当年Tennyson咏tears, idle tears时，它的分量恐怕要重得多。

二、语言细节和文化大局。

有的作家喜用短句，有的喜用长句，这是一个语言细节。英国历史上有过繁复和简约两种散文风格（即所谓Ciceronian与Senecan）之争，科学家赞成要简约，因为简约必然朴素，而繁复则易流为舞文弄墨，要说明科学道理就需写得朴素具体。英国散文的发展也是逐渐由繁趋简，当代英语更是以短句为其特征。然而，是不是短就一定好呢？最短就变成电报体、广告体。特别在这个着重信息，而信息又每时每刻都在大量涌来的时代里，到处都是短句甚至短的片语。有些作家对这个趋势是感到忧虑的。他们认为短句泛滥容易形成单一化，而人生是复杂、多方面的，有的思想情感是迂回曲折的，需要长句才能表达。所以用长句也是对单一化的一种抗衡。长句常需用分号（semicolon），德国作家Günter Grass说他惋惜“分号”的逐渐失踪，随着它一起失踪的是一种辩证思维，即凡事不只看一面，而能多考虑其他方面的思维习惯，而后者是一种文明品质。这就是说连标点符号这样的小事也牵涉到文化大局了。

三、语言还有其他值得考虑的方面。

如说语言是权力。早在19世纪，Hazlitt就说过："The language of poetry naturally falls in with the language of power."

又如说语言不是为了传达真实，而是为了掩盖或歪曲真实。英国剧作家Harold Pinter说："Language is a trick to cover up nakedness."

又如说语言是为了打破沉默。打破沉默有两种情况。一种是"吃了饭吗？""今天天气哈哈哈"之类。另一种是如英国当代诗人Tony Harrison说的：

> Theirs are the tongues of fire I'm forced to swallow
> then bring back knotted, one continuous string
> igniting long-pent silences …
>
> (Fire-eater)

就是为千百年不曾开口的哑巴们说话。

这类说法还多，限于时间，不细谈了。

* * *

语言问题既然这样复杂，那么译者又该怎样对付？

没有万应灵药。需要修养，经验，历史感，想象力；需要根据原作的不同情况随时调整自己的方法。翻译本来就是一种调和的、辩证的艺术。

要不然就得打破语言已成之局，在译文中试验新形式，新结构，将它们硬加在本族语身上。前辈翻译家是有这样做过的，做得好也就促进了新思维，丰富了文化大局。也许每个译者都在一定时间一定范围里这样做过，主要只是程度之别。一旦使用语言，又有谁能完全守着“规范”，不带任何一点创造性呢?

我为什么要译诗

——一本译诗集的自序

我为什么要译诗？主要是因为我爱诗，原来自己也写诗，后来写不成了，于是译诗，好像在译诗中还能追寻失去的欢乐，而同时译诗又不易，碰到不少难题，这倒也吸引了我。

另外，我也关心我国的新诗坛，希望自己所译对于我国的诗歌创作有点帮助。中外诗歌各有优缺点，应该互相交流、学习。我在翻译的过程中，常感这里那里有值得我们诗人借鉴的东西，也常在译文的前言后记里对此有所涉及，只是未处处点明而已，现在重读了各篇译文，觉得就英文诗而论，也许下列几个方面特别值得注意：

一、诗的天地广大，有许多主题、体裁、写法，例如以体裁而论，可以用诗写信（如彭斯），写日记（如麦克尼斯），写自传（如华兹华斯），写墓志铭（如叶芝），更不必说写故事、小说、剧本了。中国新诗近年来似偏重抒情，也可写写其他体裁。

二、诗贵创新。凡大诗人都有大创新。华兹华斯在题材和语言上作了大创新，结果引出了一个浪漫主义运动。创新的一端是改造传统，如彭斯、麦克迪儿米德之于苏格兰民歌。创新的另一端是借用外国意境，如勃莱之于白居易。

三、对于形式的注意。即使是反传统的自由诗或布莱克、莫里斯后期的滔滔不绝的长行诗，也有它们自己的形式。形式对于诗人是自我约束，又是自我挑战。形式不仅是诗艺的要求，也是内容的体现。

中国新诗史上，闻一多、卞之琳、何其芳几位前辈都曾努力于建立新形式，但他们的注意力似乎限于格律；看看当代英文诗，就会发现在格律之外，还有形象的排列和对照，肌理的松或紧，诗篇各部分的比例，诗体与内容的一致或故意对立，通篇气氛的和谐与变化，等等，这些也构成形式。

四、诗歌语言问题。语言要丰富，要尖锐，要有各体各种风格，但是朴素最难，白文最难，而大诗人都是运用白文的高手。在当代西方，诗的散文化是一个明显的趋势，一种可喜的发展，但这种散文首先是精炼的好白文。

就我所看到的一些当代中国诗篇来说，题材有新的，但是语言不给人新鲜感，往往冗长而不精炼。

五、真实性和想象力。要有细节的真实，还要有情绪、气氛的真实，不靠堆砌和开账单，而靠选择得当，画龙点睛。当代英国诗人中，像拉金之写福利国家时期英国的生活环境和青年心情，R. S. 托马斯之写威尔士农民，希尼之写英国警察进入爱尔兰家庭的紧张气氛，便达到了高度的真实。

还有一种真实，即说真话，不怕向传统之见、权威之言，甚至社会上多数人向来奉为神圣的信念挑战，冒天下之大不韪说出自己的真实看法，也不怕暴露自己的不光彩处和窘态，而是敢于道出自己的向往和追求，用最大的热情描绘自己心目中的理想世界。我所译过的人当中，彭斯、布莱克、雪莱、麦克迪儿米德等人的诗里，都有这种更高的真实。

而把一切收拢、提高，并且融合为一个整体的则是想象力。选择诗体和取舍细节需要想象力，在比喻和形象里做到小中见大，在别人不经意处看出事物的联系或对照，也需要想象力。要达到真实性也需要想象力，没有想象力就没有怜悯、同情、人道精神，看不出人间的大不平大不义，看见了也无切肤之痛，又哪里能有不顾自己死生而说真话的勇气，或描绘自己的梦和理想的胆略和热情？

可能还有其他值得注意之点。但如果通过这里的译文能够使我国诗人得到若干启发，又使我国的读书界得到一点乐趣，我就会感到这几十年的努力没有白费了。

我希望以后还有新的译作。这个集子的结束处是开放着的。

谈诗人译诗

翻译是一个谈得多而又谈不完的问题，现在只谈一点，即不少作家、诗人也从事翻译，而且因此而产生了重大的后果。

现代中国的例子是明显的。鲁迅、郭沫若、茅盾、巴金、冰心、曹禺、戴望舒、艾青、卞之琳、冯至等等都搞过翻译。但又不限于中国。古者不论，现代欧美著名作家而从事翻译者就有苏联的巴斯捷尔那克，法国的纪德，英国的麦克尼斯、贝克特、台维和更近的东尼·哈里森，美国的庞德、玛丽安娜·摩亚、罗伯特·洛威尔、勃莱、纳博柯夫，等等。各人参与的程度不一，译作也有多有少，但都是有贡献的。

产生了什么后果呢？至少有几点可说。

首先，他们的译作是好的文学作品，丰富了各自的本国文学。庞德的译作也许不算忠实的翻译，却是无争议的英文好诗。

其次，翻译对他们的创作有影响。

第三，翻译刷新了文学语言，而这就从内部核心影响了文化。

还可以加上一点，即：他们起了最好的文化交流作用，将一种文化的艺术珍品译成另一种文化的艺术珍品，从此而又产生许多重大后果。

如果没有翻译，又怎能出现1919年的中国新文化运动和中国的新文学？

如果没有翻译，又怎能有目前众多的中国作家在以各种新内容新写法勃起于文坛？

当然，翻译不是唯一因素。还有许多其他因素。但是，翻译这因素的内在的能量未必得到了充分的认识。

这内在的能量有破坏性。要译好一篇外国文学作品，不得不破坏本国文化里的某些观念，不得不破坏本国语言里的某些结构和表达方式。在这个意义上，译者不仅是一个反逆者，而且是一个颠覆者。

同时，这内在的能量又有远较破坏性为多的增益性、建设性。它带来新观念、新结构、新词汇，但远不止这些零星的项目，而是有一股总的力量，使得语言重新灵活起来、敏锐起来，使得这个语言所贯穿的文化也获得了新的生机。这也就是为什么，一个大的文艺复兴运动往往有一个大的翻译运动为其前驱。

这情况，表现于中国的诗歌翻译最为明显。

而中国的诗人翻译家也表现出有能力把翻译的内在能量运用得好，既保持了其勇进的锐气，又发扬了其建设新诗歌的滋养作用，而在这过程里他们自己的诗艺也达到了新的高度。

一个例子是戴望舒。他初期的诗作和初期的译诗在语言上——同时也在意境上——并不新鲜。例如这样一节：

霏霏窗外雨，
滴滴淋街宇，
似为我忧心，
低吟凄楚声。

（魏尔仑：《泪珠飘落萦心曲》）

中国旧诗的味道太重了，没有传达出法国象征派诗人的风貌。然而后来他译了果尔蒙，译了波特莱尔，最后又译了西班牙的洛尔迦，译笔变了，出现了这样的译文：

亚伯的种，你的插秧
和牲畜，瞧，都有丰收；

该隐的种，你的五脏
在号饥，象一只老狗

（波特莱尔：《亚伯与该隐》）

带着漆布似的灵魂，
他们一路骑马前来。
驼着背，黑夜似的，
到一处便带来了
黑橡胶似的寂静，
和细沙似的恐怖。
他们随心所欲的走过，
头脑里藏着

一管无形手枪的

不测风云。

（洛尔迦:《西班牙宪警谣》）

无论在韵律、形象和语言上都远离中国旧诗了。同时，他在创作上也从《流浪人的夜歌》、《雨巷》之类进展到《我的记忆》、《秋蝇》、《我思想》，又变化而写《断指》、《元日祝福》、《我用残损的手掌》。在中国和世界的时局激荡中，诗人把翻译中的体会用于创作，而创作又使他更能驾驭诗歌语言，从而译得更加出色。

另一个例子是穆旦。他比戴望舒晚了一代，是抗战时期的青年诗人，一个真正的现代派，写出了这样的情诗：

静静地，我们拥抱在

用言语所能照明的世界里，

而那未成形的黑暗是可怕的，

那可能和不可能的使我们沉迷。

（《诗八首》之四）

一种玄学式的思辨进来了，语言是一般口语和大学谈吐的混合。十年之隔，白话诗更自信了，更无取于旧的韵律和词藻。后来，诗人穆旦变成了翻译家查良铮。他译诗的范围广，数量大，从俄文译普希金，从英文译雪莱、济慈、叶芝、艾略特、奥登，在最后的几年里则精心译出了拜伦的《唐璜》全诗。《唐璜》原诗是杰作，译本两大卷也是中国译诗艺术的一大高峰。译者解决了一个十分困难的问题，即用中文建立了一种有脚韵的八行体来译拜伦的 Ottava rima——来传达原诗的各种情调，咏景，写人，议论，讽刺；来重现拜伦的各种修辞手法，例如其有名的“倒顶点”；特别是用它来讲原诗的极为精彩的故事，一点也不减它原有的戏剧性：

听到惊叫声，唐璜立刻跳起来，
　一把托住海黛使她不致栽倒；
接着从墙上摘下剑，怒冲冲地
　就要惩罚这不速之客的侵扰；
兰勃洛直到现在都没有开口，
　只冷冷一笑说：“只要我一声叫，
立刻就有千把刀子亮在这里，
小伙子，不如把你那玩艺收起。”

惊人的还在于这样的好译不是散见于个别段落，而是贯穿了全诗的16章又14节！译者后来写的诗——如《冬》——也达到了新的成熟境界，但是应该说，他的最好的创作乃是《唐璜》。在这里他的诗歌语言在种种束缚中运用得最为纯熟、完美。这不仅标志了他个人的成熟，而且表示他和他的前辈——戴望舒、艾青、卞之琳、冯至等人——经过十多年的写诗、译诗的不懈努力，把中国的新诗推到了一个五四初期的白话诗人们所无法预测的新的高度：现代敏感发挥巨大作用了。

译诗与写诗之间

——读《戴望舒译诗集》

一

戴望舒是中国新诗发展史上的重要诗人，但是现在的读者可能不知道他也是一个译诗能手。最近，《戴望舒译诗集》（湖南人民出版社，1983）出版了，人们才发现他译诗的数量远远超过他的创作：这本《译诗集》共304页，而他的《诗集》（四川人民出版社，1981）仅165页。

《译诗集》内容丰富而又重点突出。丰富，因为其中颇有出人意外的作品，例如很难想象戴望舒会去翻译叶赛宁，然而他译了，而且译得颇有吸引力，例如：

我是最后的田园诗人，
在我的歌中，木桥是卑微的。
我参与着挥着香炉的
赤杨的最后的弥撒。

脂蜡的大蜡烛
将发着金焰烧尽，
而月的木钟，

将喘出了我的十二时。

（《最后的弥撒》）

这是很有现代敏感的诗行。我不知道译者是否懂得俄文，可能他是通过其他文字转译的，那就更使人惊讶于他对叶赛宁的精神的体会之深了。

当然，他译得最多的是法文和西班牙文作品。以法文作品而论，重点是象征派和后象征派，但也包括了爱吕亚（Paul Éluard）的诗 14 首，其中有那首有名的《公告》：

他的死亡之前的一夜
是他一生中的最短的
他还生存着的这观念
使他的血在腕上炙热
他的躯体的重量使他作呕
他的力量使他呻吟
就在这嫌恶的深处
他开始微笑了
他没有“一个”同志
但却有几百万几百万
来替他复仇他知道
于是阳光为他升了起来

抗击纳粹的地下斗争给了这首完全是现代写法的诗以一种英雄气概，译文是足以同原作匹配的。

西班牙文作品中，这种抗战气息浓厚的作品更多。实际上，有八首诗另成一束，其标题就是《西班牙抗战谣曲抄》，这当中有阿尔倍谛的《保卫马德里、保卫加达鲁涅》。

这些说明：在30年代后期，戴望舒已经走出雨巷，渴望用他自己所掌握的一点写诗译诗的本领，为反法西斯斗争服务。他已经清楚，在中国和在西班牙，进行着的是同一性质的斗争。戴望舒、爱吕亚、阿尔倍谛等人毫无疑问都是“现代派”，这也可见现代主义绝非右派、法西斯倾向者的独占物。

二

然而战火和斗争是要过去的。经常使戴望舒倾心的则是那些有深刻的感受而又能用新颖的技巧把它们表达出来的现代诗人。他的《译诗集》里就出现了许多这样的诗人，篇幅占得多的是两人：一个是《恶之花》的作者波特莱尔，另一个是《吉卜赛谣曲集》等等的作者洛尔迦。重点里的重点——无论从译诗数量或译者经营之勤来说——就是这两位大诗人。

在戴望舒之前，曾经有一些人译过《恶之花》，但他不满意，因此要自己动手来译；在戴望舒之后，又有一些人译了《恶之花》，但这一次是我们不满意了，因为一直到现在，还没有人达到戴望舒当年的水平。

戴望舒译的并不多，一共24首，仅占全书1/10。但这24首，首首是精品。译者向他自己提了极严格的要求：

> 这是一种试验，来看看波特莱尔的质地和精巧纯粹的形式，在转变成中文的时候，可以保存到怎样的程度。[1]

他尽力传达原诗的内容，也忠于原诗的形式：法文的十二音节、十音节、八音节诗行他用中文的十二言、十言、八言诗来译，一切韵脚安排悉如原作，“也许笨拙到可笑”。

“笨拙”是过谦。事实上，我们读到了这样出色的译诗：

请毫不懊悔地穿过我臭皮囊，
向我说，对于这没灵魂的陈尸，
死在死者间，还有甚酷刑难当！

（《快乐的死者》）

为这单调的震撼所摇，我好象
什么地方有人匆忙把棺材钉……
给谁？——昨天是夏，今天秋已临降！
这神秘的声响好象催促登程。

（《秋歌》）

秋天暖和的晚间，当我闭了眼
呼吸着你炙热的胸膛的香味，
我就看见展开了幸福的海湄，

1《戴望舒译诗集》，第153页。

炫照着一片单调太阳的火焰；

（《异国的芬芳》）

因为我将要沉湮于逸乐狂欢，
可以随心任意地召唤回春天，
可以从我心头取出一片太阳，
又造成温雾，用我炙热的思想。

（《风景》）

好一个“从我心头取出一片太阳”！完整地再现了原文：

De tirer un soleil de mon coeur

保持了那个新鲜的形象，而所用的中文又是连一般读者也能够理解的，这就是戴望舒的功力所在。

波特莱尔的拟人式抽象名词曾使别的译者感到困惑，却没能难住戴望舒。请看：

——而长列的棺材，无鼓也无音乐，
慢慢地在我灵魂中游行；“希望”
屈服了，哭着，残酷专制的“苦恼”
把它的黑旗插在我垂头之上。

（《烦闷（二）》）

而当波特莱尔突然变得短促，沉重，戴望舒也改换笔调：

亚伯的种，你的插秧
和牲畜，瞧，都有丰收；

该隐的种，你的五脏
在号饥，象一只老狗

（《亚伯与该隐》）

戴的译文并不是一味顺溜、平滑的，而是常有一点苦涩味，一点曲折和复杂，而这又是波特莱尔的精神品质的特点。

这样的契合难求！其原因之一在于：戴望舒看出波特莱尔最吸引人的地方在于若干似乎相对抗的品质的结合，例如古典主义和现代主义的结合。他的古典主义见于他的精致、严格，对形式和格律的关注。他的现代主义见于他精神上的深刻性——深刻到曾使艾略特一厢情愿地以为他是在“从后门进入宗教”；也见于他对于新的音韵、形象，新的拼合和对照方式的不倦的追求，也就是用新的诗歌语言来表达新的敏感的巨大努力。而戴望舒之所以能看出这一点，是因为他自己也是这样的一个诗人，在他身上也有古典主义和现代主义的结合，实际上就是中国诗歌传统和西欧现代敏感的结合。对于戴，译诗是写诗的一种延长和再证实。他把多年写诗的心得纳进他的译诗，从而取得了非凡的成果。

三

等到戴望舒翻译起洛尔迦等西班牙诗人的作品，他带我们进入了一个色彩和音乐的新世界：色彩强烈、鲜明，西班牙的阳光像比任何地方都强烈，而它的阴影也特别浓厚，总有那一种“刚强下的哀愁”；而音乐，首先是自然界的声音，特别是流水的声音——

杜爱罗河，杜爱罗河，
没有人伴你向前流；
没有人停下来谛听
你的永恒的水之歌讴。

（狄戈：《杜爱罗河谣曲》）

碧色，碧色，碧色的水流，
胡加河的迷人的水流，
在你摇篮时已看见你的山松，
把你映照得碧油油。

（狄戈：《胡加河谣曲》）

孩子：
　　让我们唱歌吧，
　　在这小广场里，
　　澄净的泉水，
　　清澈的小溪！

　　你那青春的手里
　　拿着什么东西？

我：

　　一枝纯白的水仙，

　　一朵血红的玫瑰。

孩子：

　　把它们浸在

　　古谣曲的水里。

　　澄净的泉水，

　　清澈的小溪！

（洛尔迦：《小广场谣》）

瓜达基维河

在橙子和橄榄林里流。

格拉那达的两条河，

从雪里流到小麦的田畴，

哎，爱情呀，

一去不回头！

瓜达基维河，

一把胡须红又红，

格拉那达的两条河，

一条在流血，一条在哀恸。

哎，爱情呀，

一去永随风！

（洛尔迦：《三河小谣》）

多么动听的美丽的译文！西班牙语的音乐性，西班牙诗人对强烈色彩的迷恋，都传达过来了。然而又不只是甜甜蜜蜜，因为在迷人的歌曲后面，隐藏着死亡——请看两条河"一条在流血，一条在哀恸"。这样一来，有了深度，有了回响。

这也是民歌的胜利，但却是经过改造的民歌。洛尔迦要在古老的形式里注入现代诗人的感情，因此文学里见过千百次的某些基本情境在他的笔下也显得新鲜，例如：

树呀树

树呀树，
枯又绿。

脸儿美丽的小姑娘
正在那里摘青果，
风，高楼上的浪子，
来把她的腰肢抱住。

走过了四位骑士，
跨着安达路西亚的小马，

披着黑色的长大氅，
穿着青绿色的短褂。
“到哥尔多巴来呀，小姑娘。”
小姑娘不听他。

走过了三个青年斗牛师，
腰肢细小够文雅，
佩着镶银的古剑，
穿着橙色的短褂。
“到塞维拉来呀，小姑娘。”
小姑娘不理他。

暮霭转成深紫色，
残阳渐暗渐西斜，
走过了一个少年郎。
带来了月亮似的桃金娘和玫瑰花。
“到格拉那达来呀，小姑娘。”
小姑娘不睬他。

脸儿美丽的小姑娘，
还在那里摘青果，
给风的灰色的胳膊，
把她的腰肢缠住。

树呀树，

枯又绿。

戴望舒的处理是颇见匠心的。他用了三字的二行——“树呀树／枯又绿”来译原作中的叠句：

Arbolé arbolé

seco y verdé

同样用极普通的词展开了一个深远的情境——冬天去了春又来，万物复苏了——同样是民歌调子，同样充满了回响。但他又没有死跟原文，而作了某些细微而颇饶情趣的变动，例如见于几个平行句的：

小姑娘不听他。

小姑娘不理他。

小姑娘不睬他。

来把她的腰肢抱住。

把她的腰肢缠住。

洛尔迦的原文里并没有“听”、“理”、“睬”的分别，也没有“抱”、“缠”的分别，这些是译者自己引进的，而这一引进使得情节一步高过一步，增强了诗篇的戏剧性，而这正是洛尔迦同几乎所有民歌作者都追求的，因为民歌之中往往有一个故事，情节简单而戏剧性却是强烈的。

然而民歌并非戴望舒所长，他的创作里没有民歌型的诗。这一次，替他排除困难的则是他所受的中国古典诗的教育。这首译诗里的许多用词——“高楼上的浪子”，“少年郎”，“腰肢”，“佩着镶银的古剑”，等等——和整个气氛唤起了我们对某些古诗的回忆，例如：

青青河畔草，郁郁园中柳，
盈盈楼上女，皎皎当窗牖。……

（《古诗十九首》）

何用识夫婿？白马从骊驹。
青丝系马尾，黄金络马头。
腰中鹿卢剑，可值千万余。……

（《陌上桑》）

这些古诗在其出现之际，也许还带着民间歌谣的新鲜露水吧？戴望舒能从这类古诗里化出一种译洛尔迦的诗歌语言，也就能像原作那样做到既有现代敏感，又有深入民间古典传统的回响了。

这样的牧歌世界是无法保持下去的，特别是在那时的西班牙和中国。果然，另一种力量出现在洛尔迦的诗里：

那吉卜赛姑娘
在水池上摇曳着。
绿的肌肉，绿的头发，
还有银子般沁凉的眼睛。
一片冰雪的月光
把她扶住在水上。
夜色亲密得
像一个小小的广场。
喝醉了的宪警
正在打门。

（《梦游人谣》）

洛尔迦写得对照分明，从“一片冰雪的月光”下“摇曳”“在水池上”的“绿的肌肉，绿的头发，/还有银子般沁凉的眼睛”——全是美丽、纯洁的形象——一下子转到“亲密”的“小小的广场”这个城市形象，而最后砰的一响，原来是事态紧急，“喝醉了的宪警/正在打门”！戴望舒保存了这情节开展的程序，保存了一切形象，而且把最后一行特别缩短，只用四个字来表达恶人的突然来临！

他对于《西班牙宪警谣》的处理也同样无愧于原作的尖锐性和艺术成就。在这里，洛尔迦以本色的现代笔法写宪警的横暴：

黑的是马。
马蹄铁也是黑的。

他们大氅上闪亮着
墨水和蜡的斑渍。
他们的脑袋是铅的
所以他们没有眼泪。
带着漆布似的灵魂
他们一路骑马前来，
驼着背，黑夜似的，
到一处便带来了
黑橡胶似的寂静
和细沙似的恐怖。
他们随心所欲的走过，
头脑里藏着
一管无形手枪的
不测风云。

民歌情调仍然出现，主要在描写吉卜赛人的那些段落：

啊，吉卜赛人的城市！
城角上挂满了旗帜。
月亮和冬瓜
还有蜜渍的樱桃。
啊，吉卜赛人的城市！
谁看了你而不记得？
悲哀和麝香的城，
耸起着许多肉桂色的塔楼。

到了夜色降临，
黑夜遂被夜色染黑，
吉卜赛人在他们的冶场里
熔铸着太阳和箭矢。

世代相传的和平生活的风俗图多么动人，然而经不起披着黑大氅的 40 名宪警的砍杀，“佩刀挥劈生风”，“人头遭殃”了，一切崩溃了。民歌情调也受制于另一种诗歌语言：口语体，说话而不是吟唱的调子，超现实主义式的比喻与拼合——“漆布似的灵魂”，“黑橡胶似的寂静”，“细沙似的恐怖”，而在宪警的“头脑里藏着”的则是

一管无形手枪的
不测风云。

实体的手枪，然而“无形”，而又同“不测风云”联在一起，从一样小凶器看到欧洲政治的大局面了。洛尔迦的手法充满了现代敏感，戴望舒的译文也达到了同样效果：虚实结合，从小见大，意义上的突跃，形象上的猝然拼接，而又一切出之以普通读者也能接受的诗歌语言。

四

戴望舒还有其他出色译文，如也是洛尔迦所作的《伊涅修·桑契斯·梅希亚思挽歌》。但是我们无须再事分析了，已经有足够的例子可以略作归纳和引申了。

首先一点，只有诗人才能把诗译好。这是常理，经戴望舒的实践而愈验。

其次，诗人译诗，也有益于他自己的创作。戴望舒的诗风有过几次改变，各有背景，其中一个重要因素则是：他在译诗的过程里对于诗的题材和艺术有了新的体会。因为译诗是一种双向交流，译者既把自己写诗经验用于译诗，又从译诗中得到启发。一开始，戴望舒写的诗是格律谨严、文言气息浓厚的《自家悲怨》之类：

> 怀着热望来相见，
> 希冀一诉旧衷情。

后来变了，写出了韵律松散、絮语口气的《我的记忆》：

> 我的记忆是忠实于我的，
> 忠实甚于我最好的友人。

这是一种进程，而与这进程大致同步的是他在译诗上的发展，即从魏尔伦的

> 瓦上长天
> 　　柔复青！
> 瓦上高树
> 　　摇娉婷。

发展到耶麦的

我爱那如此温柔的驴子，
它沿着冬青树走着。

戴望舒的诗里曾有过《忧郁》的苦吟：

心头的春花已不更开，
幽黑的烦忧已到我欢乐之梦中来。

我的唇已枯，我的眼已枯，
我呼吸着火焰，我听见幽灵低诉。

去吧，欺人的美梦，欺人的幻像，
天上的花枝，世人安能痴想！

这是创作，不是翻译，也不是模仿——戴望舒这位有为的作者从来不屑于仅仅模仿——但是这里的气氛，用词，形象，以及那喊叫“去吧”的口气，很像波特莱尔，几乎可以乱真。然而后来，他写下了风格截然不同的《元日祝福》：

新的年岁带给我们新的希望
祝福！我们的土地，
血染的土地，焦裂的土地，
更坚强的生命将从而滋长。

新的年岁带给我们新的力量。
祝福！我们的人民，
坚苦的人民，英勇的人民，
苦难会带来自由解放。

像是另一个人写的。这一转变的主要原因无疑是时局。诗写于 1939 年，当时抗日战争已经大规模地展开。但也是在那个时候，戴望舒致力于翻译西、法两国的抗战诗，难道就不曾从翻译中得到新的感兴？当然，不译也可从阅读里获得启发，但读了又去翻译，那深入程度就不是一般浏览所能比了，何况在再表现的过程里译者还须用全部本领去试着传达原作从内容到写法的所有特点呢！

第三，戴望舒的成就还告诉我们：在什么情况下译诗能取得最好的效果。除了译者个人的天才和素养之外，他所使用的语言必须处于活跃状态，即一方面有足够的灵活性能够适应任何新的用法，另一方面又有足够的韧性能够受得住任何粗暴的揉弄。在戴望舒着手译诗的时候，汉语正处于那样一种活跃、开放的状态，因为中国刚刚经历了一场文学革命，文学语言从文言变成了白话。但同时，中国深长的古典文学传统又不是几篇宣言所能一笔勾销的，而这也有助于翻译，因为译者早年所受的古典诗的熏陶会使他保有高尚的趣味，对于形式的严格要求，对于质的强调，等等，这些形成了一种价值标准，使他的译文不至于变得太幼稚，太生硬，太无深度与余音，因而也不会使好心的读者望而却步，这样也就有助于树立和推广文艺上的新事物。换言之，在好的译作里面，传统同创新是并存的。

更深一层看，诗的翻译对于任何民族文学、任何民族文化都有莫大好处。不仅仅是打开了若干朝外的门窗，它能给民族文学以新的生命力，由于它能深入语言的中心，用新的方式震撼它，磨练它，使它重新灵敏、活跃起来。如果去掉翻译，每个民族的文化都将大为贫乏；整个世界也将失去光泽，宛如脱了锦袍，只剩下单调的内衣。

因此，不时受到指摘的诗歌译者们无须自馁。面对着从歌德以来的所有“明智、懂事”的人——包括许多诗人自己——所有关于诗无法译的断言，戴望舒用他的实践回答了他们：诗是可以译的。当然有所失，但也有所得，而总的衡量起来，特别是从文学与文学之间、文化与文化之间的互相启发、互相增益来说，得大于失。至今人们都在惋惜戴望舒的早死；正当他在经历了一段译诗的辛勤劳动和巨大收获之后，像是创作上要有一次飞跃的时候，命运制止了他。然而命运却夺不走他的翻译成果。他在搁下诗笔以前，已经把现代西欧诗歌的精华传达给了中国爱诗的人群——他们人数也许不多，然而是真正的热心者，而他们对于这位卓越的译者是充满了感激之情的。

穆旦的由来与归宿

良铮过早地走了，但我们还在读着穆旦的诗。

一

穆旦是怎样形成的?

30 年代中期，中国人陷于外敌入侵的困境，然而中国知识分子也特别争气。在那当口，几所大学办得十分出色，大学师生也是才气逼人。清华就是那样一所大学。它的文学院不仅出大学者，还出大作家。就在那样的时候，良铮进了清华的外文系。

我们是同班。从南方去的我注意到这位瘦瘦的北方青年——其实他的祖籍是浙江海宁——在写诗，雪莱式的浪漫派的诗，有着强烈的抒情气质，但也发泄着对现实的不满。我当时也喜欢诗，但着重韵律、意象、警句。那时候，我们交往不多。

后来到了昆明，我发现良铮的诗风变了。他是从长沙步行到昆明的，看到了中国内地的真相，这就比我们另外一些走海道的同学更有现实感。他的诗里有了一点泥土气，语言也硬朗起来。

一位英国青年教师也到了昆明。我们已在南岳听过他的课，在蒙自和昆明，我们又听了他足足两年的课，才对他有点了解。这位老师就是威廉·燕卜荪。

燕卜荪是奇才：有数学头脑的现代诗人，锐利的批评家，英国大学的最好产物，然而没有学院气。讲课不是他的长处：他不是演说家，也不是演员，羞涩得不敢正眼看学生，只是一个劲儿往黑板上写——据说他教过的日本学生就是要他把什么话都写出来。但是他的那门"当代英诗"课内容充实，选材新颖，从霍普金斯一直讲到奥登，前者是以"跳跃节奏"出名的宗教诗人，后者刚刚写了充满斗争激情的《西班牙》。所选的诗人中，有不少是燕卜荪的同辈诗友，因此他的讲解也非一般学院派的一套，而是书上找不到的内情、实况，加上他对于语言的精细分析。

我们对他所讲的不甚了然，他绝口不谈的自己的诗更是我们看不懂的。但是无形之中我们在吸收着一种新的诗，这对于沉浸在浪漫主义诗歌中的年轻人倒是一付对症的良药。

这时候，良铮已经在用穆旦这个笔名写诗了，一开始是发表在墙报上，后来才在《文聚》之类用土纸印的杂志上出现。

当时我们都喜欢艾略特——除了《荒原》等诗，他的文论和他所主编的《标准》季刊也对我们有影响。但是我们更喜欢奥登。原因是：他更好懂，他的渗和了大学才气和当代敏感的警句更容易欣赏，何况我们又知道，他在政治上不同于艾略特，是一个左派，除了在西班牙内战战场上开过救护车，还来过中国抗日战场，写下了若干首颇令我们心折的十四行诗。

这一切肇源于燕卜荪。是他第一个让我们读《西班牙》这首诗的。

穆旦的诗里有明显的奥登的影响。例如见于《五月》一诗的：

负心儿郎多情女
荷花池旁订誓盟
而今独自依栏想
落花飞絮满天空
而五月的黄昏是那样的朦胧，
在火炬的行列叫喊过去以后，
谁也不会看见的
被恭维的街道就把他们倾出，
在报上登过救济民生的谈话后，
愚蠢的人们就扑进泥沼里，
而谋害者，凯歌着五月的自由
紧握一切无形电力的总枢纽。

在最后两行里，那概括式的"谋害者"，那工业比喻（"紧握一切无形电力的总枢纽"），那带有嘲讽的政治笔触，几乎像是从奥登翻译过来的。

然而又不是。它们是穆旦自己的诗句，写的是中国的现实；而开头的几行中国古典风的诗句更是穆旦别出心裁的仿作，而仿作了只是为提供一个对照：两种诗风，两个精神世界，两个时代。不过在运用这种猝然的对照上，也显出燕卜荪所教的英国现代派诗的影响已经深入到中国青年诗人的技巧和语言了。

这就表明：在当年昆明，穆旦和他的年轻的诗友是将西欧的现代主义同中国的现实和中国的诗歌传统结合起来了的。

这一结合产生了许多好诗。穆旦的《五月》、《夜晚的告别》、《赞美》、《春》、《诗八首》等等，杜运燮的《滇缅公路》，郑敏的一系列沉静深思的小章，都是好诗，都是年轻人的诗。一开始文字有点毛糙，然而很快穆旦学会了写得更紧凑，文字也更透亮：

春

绿色的火焰在草上摇曳，
他渴求着拥抱你，花朵。
反抗着土地，花朵伸出来，
当暖风吹来烦恼，或者欢乐。
如果你是醒了，推开窗子，
看这满园的欲望多么美丽。

蓝天下，为永远的谜迷惑着的
是我们二十岁的紧闭的肉体，
一如那泥土做成的鸟的歌，
你们被点燃，却无处归依。
呵，光，影，声，色，都已经赤裸，
痛苦着，等待伸入新的组合。

（1942）

不只是所谓虚实结合，而是出现了新的思辨，新的形象，总的效果则是感性化，肉体化，这才出现了“我们二十岁的紧闭的肉体”和“呵，光，影，声，色，都已经赤裸，/痛苦着，等待伸入新的组合”那样的名句——绝难在中国过去的诗里找到的名句，从而使《春》截然不同于千百首一般伤春咏怀之类的作品。它要强烈得多，真实得多，同时形式上又是那样完整。

等到穆旦来写《诗八首》，他又使爱情从一种欲望转变为思想，出现一种由实到虚的过程，然而虚了只是为了扩大精神背景，文字上也相应地出现一种哲理化：

静静地，我们拥抱在
用言语所能照明的世界里，
而那未成形的黑暗是可怕的，
那可能和不可能的使我们沉迷。

其实这哲理化仍是处处伴随以形象：拥抱，照明，黑暗，沉迷，因此又是有物可按，一点儿也不空洞，反而把现代青年知识分子的爱情特点——言语照明世界，成形和未成形，可能和不可能——突出起来。这样的情诗在中国的漫长诗史上也是从未见过。

无论如何，穆旦是到达中国诗坛的前区了，带着新的诗歌主题和新的诗歌语言，只不过批评家和文学史家迟迟地不来接近他罢了。

二

足足 30 年，穆旦不再涉足诗坛。

然而他没有停止写诗，写得少了，但仍然在写。使人惊讶的，是仍然写得很好。

例如以《冬》为题的四首之一：

我爱在淡淡的太阳短命的日子，
临窗把喜爱的工作静静做完；
才到下午四点，便又冷又昏黄，
我将用一杯酒灌溉我的心田。
多么快，人生已到严酷的冬天。

我爱在枯草的山坡，死寂的原野，
独自凭吊已埋葬的火热一年，
看着冰冻的小河还在冰下面流，
不知低语着什么，只是听不见。
呵，生命也跳动在严酷的冬天。

我爱在冬晚围着温暖的炉火，
和两三昔日的好友闲谈，
听着北风吹得门窗沙沙地响，
而我们回忆着快乐无忧的往年。
人生的乐趣也在严酷的冬天。

我爱在雪花飘飞的不眠之夜，
把已死去或尚存的亲人珍念，
当茫茫白雪铺下遗忘的世界，
我愿意感情的热流溢于心间，
来温暖人生的这严酷的冬天。

（1976 年 12 月）

这首诗，当它还以手稿形式在朋友间流传的时候，引起了安慰和希望：安慰的是，经过将近三十年的坎坷，诗人仍有那无可及的诗才，写得那样动人；希望的是，虽然这诗的情调是沉静而又哀戚的（试看每一节都以“严酷的冬天”作结），但有新的消息，恰恰在“严酷”之前端出了“跳动”的“生命”，“人生的乐趣”，“温暖”。当时“四人帮”已倒，虽然党的十一届三中全会还未召开，但人们心里充满了期待，所以朋友们也就觉得这一下好了，穆旦将有第二个花朝了，而且必然会写得更深刻，更雄迈，像《冬》所已预示了的那样。

还可以提出一点：解放前的出色诗人在解放后虽有写诗的，往往写得不及过去；过去写得那样精妙，后来不是标语口号，就是迹近打油了。可见这一过渡是极为不易的。穆旦则不然。他的这首《冬》可以放在他最好的作品之列，而且更有深度。

这原因，据我看是两个。一个是他真的有感，不是一次偶然的冲动，而是长年累月积累起来的深刻感受。另一个是诗艺上的严格。格律谨严，大多数诗行字数一样，脚韵从头到底（每节二四五行之末押韵），不让任何浮词、时髦词、文言词进入。他的诗歌语言最无旧诗词味道，是当代口语而去其芜杂，是平常白话而又有形象的色彩和韵律的乐音。

同时，我们也看到：当年现代派的特别“现代味”的东西也不见了——没有工业性比喻，没有玄学式奇思，没有猝然的并列与对照，等等。这也是穆旦成熟的表征。真正的好诗人，是不肯让自己被限制在什么派之内的，而总是要在下一阶段超越上一阶段的自己。

因此，从任何方面说，《冬》都是一种恢复，又是一种发展。熟人们几乎是像期待济慈的莎士比亚化阶段那样期待着穆旦的新的诗歌年华。

然而这却没能实现。

但是又无须过分懊丧，因为《冬》虽是绝唱，但在它之前却还有数量大得惊人的另一类诗歌是穆旦——查良铮的成绩。这就是他的译诗。

查良铮在50年代从美国回来之初，利用他在芝加哥学的俄文译了大量普希金的诗：从《波尔塔瓦》、《青铜骑士》、《加甫利颂》……直到《欧根·奥涅金》。这一阶段过去后，他转向英国浪漫主义诗：雪莱、济慈、拜伦都各有一选集，而最主要的成绩则是拜伦的《唐璜》两厚卷。此外，他在不同的时期译过一些英国现代派诗，叶芝、奥登等人所作之外，主要是艾略特的《阿尔弗瑞德·普鲁弗洛克的情歌》和《荒原》。

这三大类作品都是以诗译诗，这是第一特点。不仅译成诗体，而且原诗有格律的，译诗也有格律，这是贯彻始终的。

我为了编一部诗选，曾将《荒原》的前后三个中译本加以比较，结果我发现：良铮所译最好。

也许这是因为艾略特是现代派，性质相近，所以译起来得心应手?

那么，拜伦该是另一种性质了吧。《唐璜》是一部大书，又是一部奇书，既讲故事，又发议论，二者都极精彩。以文体论，这里是英国上层人士讲的那种地道口语，很有风趣，百无禁忌，讽刺，挖苦，表现在诗里的是倒顶点，险韵，外国话，还有其他怪东西——连药方都出现过。当然，还写爱情，写战役，叙述旅行中的奇遇，美景，等等，变化是很多的。对于任何译者，此书是一大考验。上海过去出过一个译本，只是分行写的散文，还有许多错误。

查良铮的译法是：以原诗的意大利八行体为基础，保持其全部脚韵，但在韵的排列上略加变动；保持其口语文体，以及文字上的几乎一切特点（包括成为拜伦讽刺艺术一大组成部分的“倒顶点”），全书 16 章又 14 节一律如此。在全部译稿完成之后——这正是他困处大学图书馆的岁月——他又通读几遍，随时修改，最后才带点自慰地把稿子放在一边，让它“冷却”，准备过一个时期再去加工。

其结果，一部无愧于原作的文学译本在中国产生了。

译者的一支能适应各种变化的诗笔，译者的白话体诗歌语言，译者对诗歌女神的脾气的熟悉，译者定要在文学上继续有所建树的决心——这一切都体现在这个译本之中。

这里有戏剧性的场面：

听到惊叫声，唐璜立刻跳起来，
　一把托住海黛使她不致栽倒；
接着从墙上摘下剑，怒冲冲地
　就要惩罚这不速之客的侵扰；
兰勃洛直到现在都没有开口，
　只冷冷一笑说：“只要我一声叫，
立刻就有千把刀子亮在这里，
小伙子，不如把你那玩艺收起。”

（IV，37）

这里有富于浪漫情调的风景：

黄昏的美妙时光呵！在拉瓦那
　那为松林荫蔽的寂静的岸沿，
参天的古木常青，它扎根之处
　曾被亚得里亚海的波涛漫淹，
直抵凯撒的古堡；苍翠的森林！
　屈莱顿的歌和薄伽丘的《十日谈》
把你变为我梦魂萦绕的地方，
那里的黄昏多叫我依恋难忘！

（III，105）

你要另一种笔调么？请听听这半开玩笑的议论：

“余何所知哉？”这蒙田的座右铭

也成了最早的学院派的警语：
人所获知的一切都值得疑问，
这是他们最珍视的一个命题；
自然，哪儿有确定不移的事物
在这瞬息万变的大千世界里？
我们此生怎么办！这真是个谜，
连怀疑我恐怕都可加以怀疑。

（IX，17）

这最后一行里出现了拜伦的语言游戏，译者似乎是毫不费力就把它移植过来了。同样，拜伦的倒笔也没有难倒他：

谁料时间竟把那仙品的醇美
一变而为极家常的淡然无味！

（III，5）

而当拜伦感喟生死无常的时候，译者的声音也是忧郁而又动人：

反正我坟头的青草将悠久地
对夜风叹息，而我的歌早已沉寂。

（IV，99）

似乎在翻译《唐璜》的过程里，查良铮变成了一个更老练更能干的诗人，他的诗歌语言也更流畅了，这两大卷译诗几乎可以一读到底，就像拜伦的原作一样。中国的文学翻译界虽然能人迭出，这样的流畅，这样的原作与译文的合拍，而且是这样长距离大部头的合拍，过去是没有人做到了的。

诗歌翻译需要译者的诗才，但通过翻译诗才不是受到侵蚀，而是受到滋润。能译《唐璜》的诗人才能写出《冬》那样的诗。诗人穆旦终于成为翻译家查良铮，这当中是有忧伤和曲折的，但也许不是一个最坏的归宿。

一个莎剧翻译家的历程

一

我认识诗人卞之琳的时候，他已在西南联大教书了，但他的名字早已到了昆明。我读过他的诗，而且喜欢，到现在还喜欢。《尺八》、《断章》、《距离的组织》等篇至今都是新鲜的。此外，在我们的课堂上，一位教授向我们介绍了卞之琳的小说《红裤子》，并让我们读了这位教授自己发表在伦敦《人生与文学》杂志上的英译文。恐怕现在的人没有几个知道卞之琳还写过小说；其实，除了短篇，他还写过一个长篇。而这篇《红裤子》同诗集《慰劳信集》一样，又代表了卞之琳的一段特殊经历：他曾在1938年去过延安和华北抗日战场，同中国共产党领导的部队在一起生活过。这一点也增加了他的吸引力。当时的西南联大师生对于陕北军民的抗战战绩是普遍佩服的。

他到了昆明之后，很少提到这段经历，也不大谈他的诗作，而致力于教好翻译课。就在那时，翻译已是他的文学活动的一个重要方面：《西窗集》早已出版，《维多利亚女王传》也已译好，开始在译奥登写于抗日战火中的中国的若干首十四行诗和奥登好友衣修武德的写德国纳粹暴行的小说，这两本都是我们当时联大学生喜爱的。

人们可以看出，在那时他的文学生涯已经有了一个格局：吸引他的是外国现代派文学，他自己也写那一路的诗。然而在现代派当中，他更倾心于进步的、反法西斯的作家，而他自己的诗也早已表露过他的邦国之忧和对于抗日、进步的政治力量的向往。在《慰劳信集》之前，写于1935年的《尺八》就在古乐器的幽怨声中传达了他的爱国和反对日本侵略的情绪。

这一格局后来有点变化，例如解放以后，他自己的诗作少了，倾注全力于翻译与文学研究，然而他所挑来研究和翻译的主要还是西方现代派作品，例如布莱希特的剧本和瓦雷里的晚期诗。布莱希特是有现代敏感而又政治上进步的作家，也就是卞之琳向来喜欢的一类。瓦雷里所作则属于“西方现代派当中格律谨严而运用自如，形象生动、意味深长而并非没有逻辑的”一路诗。

上面这句话引自《新译保尔·瓦雷里晚期诗四首引言》(《世界文学》1979年第4期)。这篇《引言》是卞之琳的重要论文，因为在这里，他站在70年代之末的高台上，回顾了西方现代主义对于内容和形式所作的贡献，后来的变化，中国新诗又可以从它借鉴什么，当然也说到了瓦雷里的特点。这是一个过来人的成熟思考，因此也就特别值得注意。

直到现在，我们的文艺界、知识界还对现代主义有截然不同的看法，或视为大祸害，或视为大转机。卞之琳对此是有发言权的，因为他写过现代派诗，而且是中国现代派诗人中成就最高的少数人之一；他又译过——因此也就细心研究过——西方现代派诗，而且所译范围很广，即不限于英国，而早就注意到法、德、西班牙等国了，也就是一直探到源头，几十年下来，深知西方现代主义的内情，比眼前从英美诗坛二三个流行诗人所作来发议论的人要懂得多得多。到了写《引言》的1979年，他已近70高龄，可谓阅尽沧桑，对于现代主义的分析也就更加精深、老到了。

例如他对现代主义与“形式主义”关系的论述：

> “现代主义”，从形式上讲，一般的显著特征是打破旧形式，好像是要破除“形式主义”，标新立异到今日山穷水尽的时候，从虚无主义，进而搞出所谓“具体诗”一样从听觉艺术滑到了视觉艺术，越过了艺术基本范畴，实际上倒是玩弄了十足的形式主义。

这是说，现代主义已从打破旧形式始，以玩弄形式主义终。这是辩证法。这也是文学史。任何文学运动到了末期，总是要露出破败不堪的窘态的。

然而是否就不能从现代主义借鉴了呢？也不是。卞之琳的回答是：

> 实践证明现代西方诗以至“现代主义”西方诗，至少在艺术形式上也有可供借鉴的一面，哪怕仅仅是一点点也罢，一概排斥，并不有利于“新诗”的发展。

这可能也是大多数人会同意的回答。但卞之琳进而指出：

> 但是这也不能说得绝对化。……西方“现代派”诗之所以是“现代主义”，所以和十九世纪诗及其余绪显然又划了线，主要还不在于艺术表达方式，而在于所谓“现代感应性”（modern sensibility）。这就涉及思想内容问题。……因此瓦雷里这种后期象征主义诗，亦即“现代主义”诗的一种，论思想内容，对于我们是否也有可以一分为二的地方？我看是有的。

这番话提出了三个重要见解：一、内容与形式是统一的，不能截然分割；二、现代主义文学之所以异于以前的文学，不仅在形式，还在思想内容，主要在于它有现代感应性；三、这现代感应性中有我们可学之处。

卞之琳并未对瓦雷里全盘肯定，他也锐利地指出了这位法国诗人有自我中心思想和以“高傲”为美德的贵族思想。但他也感受到了瓦雷里的吸引力，主要似乎是他“从混乱里追求秩序的建立……不仅在艺术形式上有一贯的表现，在思想内容上也如此”。在瓦雷里的后期诗里，这一点表现为用谨严的古典形式探索抽象的现代概念，而所用语言则形象生动而又清澈透明。卞之琳的译文是抓住了这些特点的。

风灵

无影也无踪，
我是股芳香，
活跃和消亡，

全凭一阵风!
无影也无踪,
神工呢碰巧?
别看我刚到,
一举便成功!

不识也不知?
超群的才智,
盼多少偏差!

无影也无踪,
换内衣露胸,
两件一刹那!

能感受到瓦雷里的苦心和艺术效果，又能如此相对应地用谨严的古典形式和明净而又形象化的汉语把瓦雷里的诗译了出来，不只表明“现代感应性”在卞之琳身上起着作用，还表明译者对作者有一种诗人对诗人的特殊默契。这也是无怪其然的，因为几十年来，卞之琳本人也在“从混乱里追求秩序的建立”。

二

这建立秩序的努力首先见于卞之琳对于形式特别是规律的注重。

他自己写的诗就以形式完整、格律谨严著称。不妨引他那至今传诵的《断章》：

你站在桥上看风景，
看风景人在楼上看你。

明月装饰了你的窗子，
你装饰了别人的梦。

这诗四行，每行字数是八九九八，整齐之至。文字是干净的白话，没有一个多余的词，然而很美，有中国古典诗的雅洁和含蓄，诗中的“你”是谁，引起遐思。然而诗又有现代内容，是关于距离、位置和位置的相对和转换的，这转换产生了运动，使诗有一个从静到动的层次。如果上二行是白日的静观，后二行则是夜间的梦幻，意境更加深远了，而一切写得具体，形象化，“明月”同人一样美丽，而两者又都使爱情更美丽。

在翻译里，卞之琳作着同样的建立秩序的努力。他译过散文作品，后来则主要译诗和诗剧。诗的翻译向来争论最大，“不可译”论至今犹闻，而在西欧语言与汉语之间译诗困难更多，这就需要最大的坚韧力，不断地试验，不断地用真实的成绩——而不是空洞的过火的争论——去说服人。卞之琳主要是翻译实践者，但他也有理论，只不过他从不故弄玄虚，而是说得实实在在，要言不烦。又是在这篇《引言》里，他谈到了自己的译法：

> 仍照我一贯的主张，尽可能在内容与形式上忠于原作，实际上也就是在本国语言里相当于原作。

怎样在“本国”的“语言里”建立起“相当”于原诗的格律呢？依然是他一贯的办法：

> 因较适于汉语白话新诗律的自然要求，我采用相当于传统英语诗律以“音步”建行的办法，主要用二、三音节（单音字）不拘平仄、轻重，合一“音组”为一“顿”（非“行中大顿”）。

这个办法在应用于译瓦雷里之前，已经做过多次试验了。我们可以举卞译格雷《墓园挽歌》为例。格雷此诗是18世纪英诗名篇，形式完整，结构谨严，词句都精雕细刻，用了高雅的新古典主义艺术，写出了身处墓园的肃穆和感伤情绪。诗中有这样一段，慨叹穷人怀才不遇而抑郁死去：

> Perhaps in this neglected spot is laid
> Some heart once pregnant with celestial fire;
> Hands, that the rod of empire might have sway'd,
> Or wak'd to extasy the living lyre.
>
> But Knowledge to their eyes her ample page
> Rich with the spoils of time did ne'er unroll;
> Chill Penury repress'd their noble rage,

And froze the genial current of the soul.

Full many a gem of purest ray serene,
The dark unfathom'd caves of ocean bear:
Full many a flower is born to blush unseen,
And waste its sweetness on the desert air.

从引文可以看出：本诗的格律为每节四行，每行五音步，每音步两音节，一般是一抑一扬，即所谓抑扬格，属英国诗最常见的格律，而脚韵则是 abab，即隔行一韵。修辞方面的特点是用字文雅，中间有几个人格化了的抽象名词，例如大写的 Knowledge 与 Penury，显出 18 世纪英诗的本色。另一个特点是此中不少词句为历代读者所爱，一再传诵引用，已经变成了英文中的成语，如 pregnant with celestial fire，the rod of empire，the living lyre，the spoils of time，their noble rage，等等。从意境说，前两节慨叹乡间人才的困境，到第三节来了两个比喻，诗人的想象力飞到了大海和沙漠，出现了浪漫情调。这种种使这诗更耐读，但也给译者带来了更多困难。卞之琳的解决方案是这样的：

也许这一块地方，尽管荒芜，
就埋着曾经充满过灵焰的一颗心；
一双手，本可以执掌到帝国的王笏
或者出神入化的拨响了七弦琴。

可是“知识”从不曾对他们展开
它世代积累而琳琅满目的书卷；
“贫寒”压制了他们高贵的襟怀，
冻结了他们从灵府涌出的流泉。

世界上多少晶莹皎洁的珠宝，
埋在幽暗而深不可测的海底；
世界上多少花吐艳而无人知晓，
把芳香白白的散发给荒凉的空气。

译文也是每行五顿即五音步，押韵也是abab，一如原诗。句子也大多同样结构。用词是普通白话书面体，文雅洁净，“知识”、“贫寒”（加上了引号，相当于原文的大写）也是人格化了的。形象大多保留，只是个别成语如the spoils of time没有直译，改用了汉语的习惯说法。最后一节译得最有神韵，特别是以“世界上多少……”开始的一、三两行既是紧扣原文的，又巧妙地作了更符合汉语诗歌用语的变动，其重复更加深了读者的美感。这样的译文令人感到欢欣：它表现了译者对原作的忠诚和对自己的严格，然而不止如此，因为字里行间还活跃着过去写《尺八》、《断章》的敏锐诗才。

三

这位诗人翻译家在1954年开始了另一件巨大工作：开始翻译莎士比亚的《哈姆雷特》。接着于1956年译《奥瑟罗》（部分），1977年译《里亚王》，1983年译《麦克白斯》，到1984年完成四大悲剧的全部译事，前后断断续续花了30年。

对于外国的译者，莎士比亚有不可抗拒的诱惑力。任何人想在翻译上达到顶峰，总想译几个莎士比亚的剧本。

然而莎士比亚却极为难译，因为他所写内容最广，艺术又最精。具体困难很多，例如：他写的既是剧，又是诗，这诗又是用作舞台台词的，理想的译文应是可读又可演的；莎士比亚的艺术是真正的“复调”艺术，悲喜交错，几条线索并行；莎士比亚的语言范围极大，从民间俚语、各业行话到高雅谈吐无所不有，而莎翁对于新鲜词语和意象的吸收劲儿，更像一种永难满足的情欲；莎士比亚的风格经过几次大变化，随着他对世界、社会和人的认识的加深和艺术功力的更加精湛而发展，初期的活泼、明丽与后期的深沉、苍劲明显不同，而他的一些主要特征又是贯穿前后的。要在译者中找到这样一个掌握全面语言（且不说其他品质）的人是极为不易的；多数译者——即使是作家、诗人兼译者——总是长于此而短于彼的。

卞之琳对此作了他的选择。似乎可以归结为这样几点：

1. 对于剧诗，他多年在译诗格律上的试验为他打开了路，即用五顿一行的汉语诗来译莎士比亚的五音步、抑扬格的无韵白体诗。

2. 他的译本“只是戏剧文学读物，不限制导演采用的删改自由”。(《莎士比亚悲剧四种》，人民文学出版社，1988年，《译本说明》，第9页。)

3. 他集中译四大悲剧。它们是莎士比亚全部作品的“最高峰”，而它们写于1601—1606年之间，虽然各有特点，在语言、风格上却属于同期，比较一致。

不贪大求全，而是根据本身的条件缩小范围，集中精力。这是一个明智的选择。

而在这范围之内，精雕细刻，一再修改，几十年经之营之，依然是在纷纭的艺术活动中不断“追求秩序”。

这四大悲剧是世界上许多人熟读甚至能背诵的，其中有许多段著名台词，就在我们中国的学英语的人之间也是传诵不息的。因此，卞之琳的译文会受到最苛刻的检查。

我们就来看看《哈姆雷特》一剧的译文。

《哈姆雷特》的中心人物是一位对语言极为敏感的青年知识分子，剧中语言变化多，各种层次、风格都有，而且层次与层次、风格与风格之间的对照是分别不同角色以及同一角色的不同情绪的戏剧手法之一。换言之，语言在此不只尽了传达工具的任务，而且还起了一种额外的戏剧作用：通过对语言的感应来突出主人公的知识分子性格。

卞之琳对于这一点是清楚的，他的译文也相应地富于变化。有国王的冠冕堂皇的官腔：

至亲的先兄哈姆雷特驾崩未久，
记忆犹新，大家固然是应当
哀戚于心，应该让全国上下
愁眉不展，共结成一片哀容，
然而理智和感情交战的结果，
我们就一边用适当的哀思悼念他，

一边也不忘记我们自己的本分。

四平八稳，但是掩不住伪善。与这假惺惺的一套相对照，哈姆雷特真挚地吐露了他内心的痛苦：

啊，但愿这太太结实的肉体
融了，解了，化成了一片露水，
但愿天经地义并没有一条
严禁自杀的戒律！上帝啊！上帝啊！
我觉得人世间醉生梦死的一套
是多么无聊，乏味，无一是处！

这里白体诗不仅词汇不同，形象不同，节奏也不同，是一声声的呼喊，直截了当，毫无遮掩。这是哈姆雷特性格的一面。哈姆雷特的性格的另一面，是赤诚待人，但在别人蓄意欺骗自己的时候，又有眼力能够看穿他们。他在碰见罗森克兰兹与纪尔顿斯丹的时候，原是对这两位儿时好友充满热情的，可是一听他们的口气，就知道他们是怀有使命的：

哈　我的两位好朋友！你怎样，纪尔顿斯丹？啊，罗森克兰兹！好伙计，两个都好吗？
罗　我们正如一般的大地之子。
纪　相当幸福，正因为不过分幸福；我们并不是命运女神小帽儿上的顶结。
哈　也不是她的鞋底？

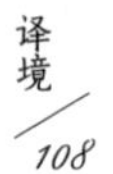

罗　也不是，殿下。

哈　那么你们是住在她的腰身上，她的恩惠的正中间?

纪　真的，我们是她亲信的私底下人。

哈　住在命运女神的私处? 噢，千真万确，她是个婊子。你们有什么消息?

两位来者用游戏式的语言来搪塞，不吐真情，于是哈姆雷特也报之以戏谑，而且像普通年轻人一样，开了一个涉及性的玩笑。这一段话在文字上有双关语，译者的处理是恰当的。

当然，任何人译《哈姆雷特》都要碰到个无可回避的问题，即如何译第三幕第一场那段关于生和死的最有名的独白。

这里我们把原文和卞的译文抄录如下：

To be, or not to be, that is the question:
Whether 'tis nobler in the mind to suffer
The slings and arrows of outrageous fortune,
Or to take arms against a sea of troubles
And by opposing end them. To die—to sleep,
No more; and by a sleep to say we end
The heart—ache and the thousand natural shocks
That flesh is heir to: 'tis a consummation
Devoutly to be wish'd. To die, to sleep;
To sleep, perchance to dream—ay, there's the rub:

For in that sleep of death what dreams may come,
When we have shuffled off this mortal coil,
Must give us pause—there's the respect
That makes calamity of so long life.
For who would bear the whips and scorns of time,
Th' oppressor's wrong, the proud man's contumely,
The pangs of dispriz'd love, the law's delay,
The insolence of office, and the spurns
That patient merit of th' unworthy takes,
When he himself might his quietus make
With a bare bodkin? who would fardels bear,
To grunt and sweat under a weary life,
But that dread of something after death,
The undiscover'd country from whose bourn
No traveller returns, puzzles the will,
And makes us rather bear those ills we have
Than fly to others that we know not of?
Thus conscience does make cowards of us all,
And thus the native hue of resolution
Is sicklied o'er with the pale cast of thought,
And enterprises of great pitch and moment
With this regard their currents turn awry
And lose the name of action.

(text according to *The Arden Shakespeare Hamlet,* ed. Harold Jenkins, 1982)

活下去还是不活：这是问题。
要做到高贵，究竟该忍气吞声
来容受狂暴的命运矢石交攻呢，
还是该挺身反抗无边的苦恼，
扫它个干净？死，就是睡眠——
就这样；而如果睡眠就等于了结了
心痛以及千百种身体要担受的
皮痛肉痛，那该是天大的好事，
正求之不得啊！死，就是睡眠；
睡眠，也许要做梦，这就麻烦了！
我们一旦摆脱了尘世的牵缠，
在死的睡眠里还会做些什么梦，
一想到就不能不踌躇。这一点顾虑
正好使灾难变成了长期的折磨。
谁甘心忍受人世的鞭挞和嘲弄，
忍受压迫者虐待、傲慢者凌辱，
忍受失恋的痛苦、法庭的拖延、
衙门的横暴，做埋头苦干的大才
受作威作福的小人一脚踢出去，
如果他只消自己来使一下尖刀
就可以得到解脱啊？谁甘心挑担子，
拖着疲累的生命，呻吟，流汗，
要不是怕一死就去了没有人回来的
那个从未发现的国土，怕那边
还不知会怎样，因此意志动摇了，

因此便宁愿忍受目前的灾殃，
而不愿投奔另一些未知的苦难？
这样子，顾虑使我们都成了懦夫，
也就这样子，决断决行的本色
蒙上了惨白的一层思虑的病容；
本可以轰轰烈烈的大作大为，
由于这一点想不通，就出了别扭，
失去了行动的名分。

（译文按《莎士比亚悲剧四种》，
人民文学出版社，1988）

这大段译文透露了译者的谨严：行数、句式甚至词序都贴近原文，关键的词和形象都照译了。也有变通的地方：第二行的"忍气吞声"是外加的，原文第四行的 a sea of troubles 译成"无边的苦恼"而略去了"海洋"的形象，倒数第二行的 currents 的形象也略去了，这两者有所失，但也有所得——所得在简洁。个别地方文字还可改进：如"怕那边 / 还不知会怎样"漫无所指，实际上是译者加的；又如"做埋头苦干的大才 / 受作威作福的小人一脚踢出去"一句同上文联不起，本身也冗长。这后者其实是一个可惜的例外，因为这整个大段独白的译文的优点恰在前后连贯，呵成一气。独白当中有若干次自问自答，最后达到一个结论。这是思辨的语言，有几个抽象名词："问题"，"顾虑"，"解脱"，"思虑"，"名分"。但所思考的例证则是具体的，而且好几处露出敢于行动的胆略："矢石交攻"，"挺身"，"使一下尖刀"，

"懦夫"。这两者都符合独白者本人的性格。莎士比亚的语言所起的额外的戏剧作用在此又得到了证实。而译文是与原文相对应的。

但是卞译的最大长处却在节奏。正因为他一定要以五顿行来译五音步行，而且在任何情况下坚持了下来，他译的台词一行接一行通读下来，就产生一种清楚的节奏感，整齐而又随着内容变化，明显地不同于散文体节奏，比它略高昂，然而有时又降低而接近口语——正像莎士比亚及其同时剧作家们所寻求的能在舞台上发挥戏剧作用的无韵白体诗。用诗体来译莎剧的根本原因不是为诗而诗，而是只有用诗体才能充分表现原剧的戏剧艺术。

卞译《哈姆雷特》还经受住了另一种考验。1958 年上影译制厂为劳仑斯·奥里维埃主演的影片《王子复仇记》配音的时候，就是用这个译本作为底本的。1979 年 11 月，英国老维克剧团在北京演出《哈姆雷特》五场，台词的同声传译也是根据卞译。这就是说，他的译本虽然"只是戏剧文学读物"，但经过导演和演员们运用他给他们的"删改自由"加以整理，也通过了银幕和舞台演出的考验。

这样，在他自己所规定的范围内，卞之琳达到了他的翻译事业的最高点。从那里望出去，他会发现站在友邻高峰上举着别的语言的莎剧译本的，是俄语的巴斯捷尔那克、德语的斯蒂凡·格奥尔格、意大利语的蒙塔里、法语的纪德等人，都是第一流作家，多数是充满现代敏感的大诗人。站在这些人之列，卞之琳是不会感到寂寞的。

以诗译诗，甘苦自知

评卞之琳《莎士比亚悲剧论痕》

一

诗人卞之琳的译作《莎士比亚悲剧四种》出版于1988年，现在他的论文集《莎士比亚悲剧论痕》又问世了。

后者可以看作前者的一个注脚。在通常情况下，文学名著的好译本总比对名著本身的评释更为重要。然而一个译者对所译作品的评释却又不同于一般的学术著作，至少他读得更细心，对于作品中的曲折微妙之处更有研究，特别是对语言与内容的结合上更有体会。

这个集子里共有文章九篇：三篇关于《哈姆雷特》，一篇论《奥瑟罗》，一篇论《里亚王》，以上是一个剧本的专论；一篇谈莎士比亚戏剧创作的发展，是纵论；此外是悲剧四种的译者引言、译本说明和一篇1986年中国莎士比亚戏剧节随感。

通观全书，作者认为上述三剧在全部莎作中有特殊的重要性，由于它们都写英国人文主义的危机，都表现尖锐的理想和现实的矛盾，其深刻与感人程度前所未有，所以他称它们为

> 莎士比亚的全部戏剧的中心。……它们都是一般人公认的“最”字号作品（例如以“最丰富”称第一部〔《哈姆

雷特》〕，以“最完美”称第二部〔《奥瑟罗》〕，以“最宏伟”称第三部〔《里亚王》〕)。《哈姆雷特》和《里亚王》可以说是“双峰插云”。这两部都是总结性作品，关键性作品。正如这些悲剧本身每一部都有一个转折点、有一个高潮，而转折点和高潮往往相去不远以至有时候几乎合一的，比较上《哈姆雷特》更像是莎士比亚前后期戏剧创作的转折点，《里亚王》更像是莎士比亚“悲剧时期”的高潮。

（第260页）

他所爱的是《哈姆雷特》，对它倾注全力阐释，用的篇幅最多（93页+20页），谈得最细。《奥瑟罗》就谈得少些，虽然某些精彩论述（如关于“爱米丽亚”一节）倒在这里。《麦克白斯》则未作专文论述，虽然在纵论中说它在艺术上“最精炼”，“动作最迅疾”，但又认为它“有点笼统……近于空幻，难引起深刻的历史感”（第274页）。而使他感触最深的则是《里亚王》，因而称之为整个“‘悲剧时期’的高潮”。不仅如此，他还认为它“无意中给资本主义的自由竞争原则正确预言了必然的悲惨下场”，并且进而断言：

由此一例也可以看出，莎士比亚不仅提得出似乎在当时不可能提出的问题，而且在问题的意义上有时还超得出欧洲文艺复兴时期人文主义思想的界限。

（第245页）

这段话使我们想到了五六十年代部分莎学者之间的辩论，即所谓莎士比亚的局限性问题。针对某些英国批评家认为《暴风雨》一剧中米兰达高呼的“美好的新世界啊，居然有这样的人在生活”是指莎翁预见到了未来的共产主义式社会，有些研究者认为剧作家难于逾越他的时代和社会的“局限性”，未必能看得这么远。而卞之琳在这里则突破了局限性说的局限，给予了《里亚王》一剧以“预见性”。

他作这个论断是在 1964 年。二十多年过去了，他是否仍持此说？对于他在写这些论文时的主要观点，他后来在 1985 年说过这样一段话：

> ……世风迭变，经过了几十年，你想实事求是，独立思考吧，总是不肯苟同也得苟同，过去曾亲自加以发挥而如今在随声附和当代的时髦西风的冲击当中，你自己厌弃这“老一套”，却不像金蝉能脱壳得了。是历史无情呢，还是真理无情？作品俱在，如何“洗刷”？就是那么“不巧”！
>
> （第 295 页）

在 1986 年写的本书前言里，他更明确地说明他现在对过去所用的几个主要概念的看法。这些概念是：

1. 阶级性与人民性。他仍相信阶级分析，认为他过去的分析方法“固然有点简单化、庸俗化、机械、生硬，大体上倒还通达”（第 5—6 页）。他也曾有过“分析趋于烦琐……立论趋于偏激”的时候，由于“领教了‘文化大革命’的灾难才得解脱”（第 6 页）。

2. 人文主义与人道主义。他曾一度在苏联学者的影响下用人道主义这个名词替代人文主义，“文化大革命”后在“重新确认欧洲文艺复兴时期人文主义的两面性和过渡性的同时，恢复了这个思潮的本来译名”（第 6 页）即人文主义。

3. 现实主义与浪漫主义。“我在莎士比亚戏剧评论中开头只讲莎士比亚是现实主义大师，后来也就不能无视他也是浪漫主义高手。从此我也就摆脱束缚，不致陷入绝路而无意中凑合一种奇谈怪论——妄把文学史看成现实主义与反现实主义的斗争史。”（第 7 页）

通过以上，我们可以看出：卞之琳所用的概念是有过变化的，但是他的主要论点，特别是阶级性和历史唯物主义，却没有变化。对于自己的学术思想作了实事求是的回顾，并且明确地总结出何者变了，何者未变，不因“时髦西风的冲击”而“随声附和”，不因“老一套”而“金蝉脱壳”，卞之琳是一个不取巧的真正的学者。

二

当然，卞之琳又是优秀的诗人，并且成功地用诗体译出了莎士比亚的四大悲剧。我们也就很想听听他对于莎翁的写剧技巧、诗艺和语言的看法，还有他自己的翻译经验。

本书谈到了这些。例如对于《哈姆雷特》，卞之琳就着重分析了它的“艺术吸引力、艺术感动力，甚至不妨说艺术震动力”（第 106 页），从中心人物的发展谈到情节上的呼应，直到“剧本语言的丰富多彩”（第 111 页）。他不是孤立地谈语言，而是结合着人物性格的特征来谈，而且考虑到诗剧的特征，例如他说：

> 剧本里连哲学议论（主要由哈姆雷特说出来）也用了非常形象化的语言；……语言里的意象，在莎士比亚用来，都不是装饰，而是配合人物的思想感情的，而且随人物思想感情的发展也有相应的发展。剧本第 1 幕哈姆雷特独白里的“荒废的花园”到第 2 幕他和人家的对话里就发展为“监狱”（都是指世界）；他在第 2 幕里说过“坟墓”，到第 5 幕里就面对了“墓园”。这就是一个例子。
>
> （第 112 页）

又如这样总论莎翁悲剧的语言：

> 莎士比亚沿用诗剧体（当时戏剧都是诗剧体），为表达他匠心独具的悲剧寓意，在语言上也得到了极大的方便，自不在话下。难得的是：剧中不仅在主角、副主角的口里，而且在许多配角以至“龙套”的口里，也经常说得出各显个性的语言，闻其声即似见其人。剧中人人脱口成诗，又人人并不千篇一律，分得出彼此，崇高的、庄严的、诙谐的、下流的，不一而足，不但因人而异，而且随场合不同、心情不同，而时有同工的异曲。莎士比亚就能这样用戏剧俗套而不为所囿，随心所欲，驾驭条条框框，都得心应手。
>
> （第 304 页）

这也是紧扣诗剧的特性和人物的个性来谈语言的，而不是仅仅罗列一堆词汇、句式、意象就算了事（当然，该引的他也还是引了的，如第152页谈到《奥瑟罗》中的野兽意象，第238页谈到《里亚王》中的禽兽虫豸的意象，等等）。所不足的，倒是他认为“不在话下”而实则特别需要说清的一点，即为什么用诗体写剧给了莎士比亚以语言上的“极大的方便”。

这就牵涉到诗剧之所以不同于散文剧究竟在哪里，莎士比亚型的英国诗剧的特点又在哪里，以及为什么我们在有了莎剧的散文译本之后还要有诗体译本。

卞之琳的回答非常实际：诗体译本之所以必要，因为莎翁原作是用诗体写的。不用诗体，算不上真正的翻译。

他举了一个例。《哈姆雷特》第三幕第一场有一段有名的独白，其起句是：

To bé | or nót | to bé: | that is | the quéstion.

莎士比亚用的是素体无韵诗，每行有五个音步，每个音步由一轻一重两个音节构成，故称“抑扬格”（我们这里为了印刷方便，只标出音步和重读音节）。这一行朱生豪的散文译本译成：

生存还是毁灭，这是一个值得考虑的问题。

卞之琳对此的评论是：“严格讲，这就不是翻译而仅只是译意

(paraphrase)”(第 117 页)。他自己的诗体译文则是：

> 活下去|还是|不活：|这是|问题。

五个音组相当于五个音步，每组中有一个字可以重读，这样就有了相当于原作素体无韵诗的格律。他又进而比较说：

> 撇开和原文格律的模拟不算，“活”与“不活”，在原文里虽还不是形象语言，却一样是简单字眼，意味上决不等于汉语“生存”与“毁灭”这样的抽象大字眼。我们对语言意味有感觉的写诗与读诗的，理应在两种译文之间辨别得出哪一种较近于诗的语言。
>
> 进一步玩味，我这里重复“活”字，用了两次，和原文重复“be”字，都是在节奏上配合这里正需要的犹豫不决的情调。这一点在“生存还是毁灭”这一句里就荡然无存。
>
> (第 117 页)

这两段话透露出卞之琳的多方面考虑：不仅格律，不仅形式上的模拟，还有字眼是简单还是抽象，还有节奏能否传达人物的情调，而总的说来就是译文是否诗的语言。

一提诗的语言，人们可能会理解为文绉绉的充满美丽词藻的语言，而这却是对诗的语言的误解，特别是对十六七世纪英国诗剧中所用的语言的误解。后者是一种可上可下的语言，可以堂皇，激昂，但也可以庸俗，粗鄙，其不同于散文的主要在于更精炼，更形象化，同时有更整齐的节奏。它所能达到的境界可以比散文更高，这就更适合于传达英雄人物的性格；因此，当它落到低层，也就更加卑下，足以传达邪恶。同时，这类诗剧里仍然有散文台词，同韵文台词互相补充或形成对照，语言多了一个层次。再一点，也是十分重要的一点，它不是给眼睛看的印刷体文字，而是能在舞台上口头讲出或朗诵的语言。换言之，它是演出的台词，不是书里的诗赋，这类剧也不是文人剧，而是当时的“大众传播工具”。名为“诗剧”，实则诗和剧不能分离，诗是为了剧，而剧则更促进了诗的表达力。

这样的诗剧语言通常是通俗的，铿锵的，可以清新而奇美，但也可以为了戏剧效果而变得相反。甚至陈词滥调也有用处。卞之琳对此是有体会的，在译文里也作了相应的变动：

> 例如在《哈姆雷特》剧本里王者在大庭广众前，在隆重仪式上，就用冠冕堂皇的相当于文言道白的语调；在戏剧里为了显出与本戏截然区分，就故意用陈词滥调。
>
> （第118页）

为了体现莎士比亚在这些地方是“有意嘲弄当时流行的舞文弄墨、拐弯抹角的自命风雅体语言”，他在译文里“索性更把它庸俗化了一点，中国旧曲化一点”，因此出现了这样的一段台词：

"金乌" | 流转， | 一转眼 | 三十 | 周年，

临照过 | 几番 | 沧海， | 几度 | 桑田，……

似雅实俗，而俗正是剧作家也是翻译家所要达成的戏剧效果。

总之，这是一种伸缩性大、富于表达力而又芜杂的语言，莎士比亚和他的同伴们的功绩在于创造性地利用它来写出了几百个卓越的剧本。英国诗剧本身也是历史的产物。它起自民间，带有中世纪戏剧的旧因素，却因酣畅地表达了英国文艺复兴时期的复杂现实和时代精神而大放光彩。这一个历史机缘过去之后，这类诗剧不再创作了，虽然后来历代都有文学家想重建它，直到 20 世纪中叶还有艾略特等人作了认真的努力，但是没有一个得到了真正的成功；而另一方面，莎士比亚及其同伴所写的——至少有 50 个剧本——却还在英美和世界其他国家不时重演，显示它们的持久的生命力。

把这种诗剧介绍进中国来也就是一件十分不易的工作。经过几代人的努力，我们达到了这样一种局面：有了朱生豪等人的好的散文体译本，出了《莎士比亚全集》；上演了若干重要莎剧，开始了用京剧和地方剧形式改编的试验，举行了一次大规模的中国莎士比亚戏剧节；最后，诗体翻译也作出了成绩。

这最后一点的成绩中有孙大雨、方平、林同济等位的贡献，但是持续最久、收获最大的却数卞之琳。四大悲剧是莎士比亚的巅峰之作，现在我们中国有了它们的诗体译本，这就标志着我们的莎剧翻译登上了一个新的台阶。卞译当然不

是没有缺点的，我们还会有更新的译本，究竟用什么样的诗体来译也会有新的试验，但是后来者会慎重地研究卞之琳的译本，而在这样做的时候，他们会发现这个论文集子里的《〈哈姆雷特〉的汉语翻译及其英国改编电影的汉语配音》和《〈莎士比亚悲剧四种〉译本说明》两文是不可不读的，因为在那里这位诗人翻译家写下了他的经验，他的甘苦，他倾注全部心血以赴的目标：以诗译诗。

译彭斯的再思

1984年[1]，我译的《彭斯诗选》增订版出版。它一共包括61首诗。它以1959年出版的我的译本为基础，数量增加约一倍，内容也扩大了。几个大漏洞给补上了，如《致好得出奇者，即死板的正经人》、《老农向母马麦琪拜年》、《挽梅莉》、《致虱子》、《佃农的星期六晚》、《圣集》等名篇，特别是《圣集》，是我最爱读的一首，但一直怕不好译而未译，这一次下决心把它译出了。抒情诗方面，这次也有增加，例如《亚顿河水》、《美丽的莱丝莉》、《英俊的织工》、《高原的玛丽》、《给我开门，哦！》等首。抒发民族主义情绪的抒情诗增加了《这一撮民族败类》，此外《奴隶怨》反映了诗人对当时非洲黑人被贩运到美国为奴的感触。诗札这次也增加了《致威廉·辛卜苏》[2]一篇。即兴之作里也多了一首《谢某君赠报》，此诗颇能反映彭斯对当时国内外大事的关心，而讽刺上层人物，笔调也分外辛辣。

有所增，也有所减。这次把1959年译本中的《大好年华》、《题某女士手册》等几首删掉了，原因是它们的作者是谁尚未确定。《自由树》究出谁手，也未解决，所以这里也

1《彭斯诗选》增订版1985年由人民文学出版社出版。——编者注

2 该版本译名为《寄奥吉尔屈利地方的威廉·辛卜苏》。——编者注

仿 1968 年牛津三卷集之例，虽收入而标以“存疑”。

译诗的排列是先分为若干类，每类之下再以出版时间先后为序，后者的根据也是牛津三卷本。

总起来看，这个新译本比 1959 年旧本要充实一些，各类的重要作品大致具备了。

从翻译本身来说，我自己想要努力做到的，首先一条是：以诗译诗。彭斯的诗音乐性强，所以译文保持脚韵（但只是押大致相近的韵，而且是照当代普通话读音）。形式也力求接近，例如他常用的六行诗段，一段是一二三五四行每行八音节，四六两行每行四音节，脚韵排列是 aaabab；译文也是六行，脚韵大致也照原样（1959 年译的则常有变动），四六两行也缩短。但是在一行的内部，译文没有采取以“顿”来组成音步的办法，原因之一是有时不易决定顿在何处。我用了另一个办法，即对每行的字数有限制，不超过十三四个字，除非原诗一行特长或特短，才相应地增减字数。诗的节奏感同读诗的速度有关；如用通常速度读，十三四个字一行大概可以有四或五个词组，相当四或五个音步，因此各行之间，仍有大体相同的节奏。问题倒在：过多的整齐产生单调感；我有时故意不协自定之律，而根据内容变动每行字数和句式，例如：

　　汤姆又惊又怕，赶紧看究竟，
那一片笑呵，乐呵，玩得正起劲：
笛子越吹越响，
舞步越跳越欢：

妖魔们急转、交叉、分开、合拢、又把手牵，
直闹得女妖一个个流汗冒热烟，
纷纷把外面的破衣都脱掉，
只穿贴身汗衣一阵狂跳！

（《汤姆·奥桑特》）

这里三四行自成一对，与其他行不同；第五行包括了五个舞蹈动作，字数也就多过别行：这两者都使诗段中间起了速度和节奏上的变化，正是这里群魔乱舞的内容所要求的。

从内容出发，也就不能仅求形似。诗的生命在意境，而意境又是靠许多东西形成的；从语言上讲，除了节奏、脚韵、速度，还有用词、句式、形象，都需要译者好好处理。形象是诗歌语言里最重要的成分，古今诗人莫不致力于此，所以需要译文高度的忠实，不忠实就难以传达原诗的新鲜或气势。然而由于两种语言和文化之间的巨大差别，这种忠实又不能局限于字面相似，而还要考虑其他因素，例如：某一形象在译文中所具有的力量、联想、气氛是否与在原文中大体相似？彭斯的名篇《一朵红红的玫瑰》里有这样几行：

And I will luve thee still, my dear,
Till a' the seas gang dry.
Till a' the seas gang dry, my dear,
And the rocks melt wi' the sun.

这里的形象——海水枯竭，岩石熔化——在原诗是新鲜

的、有力的，而如果我们根据直接的反应，不假思索地用“海枯石烂不变心”来译，那就不是真正的忠实，因为“海枯石烂”这组四字成语在汉语和汉语文化环境里已经用久用惯了，不再使人感到新鲜。

另外一方面，也有在原文中是成语而无须译者作为形象来对待的例子，就在同首诗里，紧接上引，出现了两行：

I will luve thee still, my dear,
While the sands o' life shall run.

这里 the sands o' life 就是成语，彭斯用时已不新鲜，也不存在真正的形象，因为很少人会注意到 sands 是指的过去计时的沙漏，也就无须用形象来译。

对待形象不过是对待整个诗歌语言的一个方面。诗歌语言是复杂的，其中总是若干成分并存。以彭斯而论，有清新的一面，如在他的抒情诗里；有辛辣的一面，如在他的讽刺诗里；有激越的一面，如在他的爱国诗里；有顽皮的一面，如在他的诗札和叙事诗里；但这些成分不是单独出现的，而是各以不同比例结合在不同诗篇里，其总的特点则是通俗。通俗首先见于方言的运用；那么，一个汉语译者又怎样处理苏格兰方言？是否可用中国的某一地区的方言来译，例如四川方言？且不论译者本人是否有此本领，那样做的结果会带来一种与原作不一致的四川情调，而且会把读者的注意力引向一种外加成分。我的办法是：把苏格兰方言当作苏格兰国语，就像我们译任何国家的语言一样，用汉语普通话来译，而在具体处理的时候，看情况尽量通俗，亦即尽量采用民歌的调调儿，不只在音乐性上，也在句式和用词上，宁用较老较土气的说法，而避免现代化。

译文也力求不失原诗的丰富性。多读彭斯的爱情小诗，有时会使人感到题材与用词有某些重复。但这本是民歌的通常情形，而且一唱起来，由于曲调和音韵不同，就各有特色。而在彭斯的较长诗篇里，更是音调繁复，内容丰富。因此，在译《致拉布雷克书》、《圣集》、《汤姆·奥桑特》、《爱情与自由》诸诗时，我把译笔放开，力求在译文中实现原诗所有的词汇、句式、韵律、情调、风格各方面的多样性，不惜文白杂糅、雅俗并陈。

有放，也有收。为了传达彭斯的活泼和戏剧性，在句式、节奏上就须紧扣原诗，例如：

He was a care-defying blade,
  As ever Bacchus listed!
Tho' Fortune sair upon him laid,
  His heart, she ever miss'd it.
He had no wish but—to be glad,
  Nor want but—when he thristed;
He hated nought but—to be sad,
  An' thus the Muse suggested
          His sang that night.

诗人原是自由自在的风流客，
  酒神门下谁也不及他癫狂！

虽然人生的忧患他尝遍，

　　他的心可从未在命运手里受过伤。

他只有一个愿望——永远快乐无忧，

　　他什么也不需要——只不过爱喝黄汤；

他什么也不怨恨——除了悲哀颓唐，

　　这样缪斯就替他写下诗行

　　　　　　让他当众歌唱。

（《爱情与自由：大合唱》）

这里五六七三行同原诗的句子结构一样，节奏也相似。

当然，我也作了变动，如脚韵排列不是双韵，而是一韵到底。读者还会看到，在另外一些诗的译文中，还有不少其他变动：词汇（例如草木虫鱼之名）有时不执着于词典定义，句式有时颠倒，脚韵安排有时破格，也偶有一行未尽原义而于次行补叙的做法，等等。这些变动，除了两种语言、文化不同的原因之外，还因为我有一个考虑，即译文本身应作整体来看。这包含两层意思。一层是：除了句对句、行对行的忠实之外，还应使整篇译文在总的效果上与原作一致。仅仅注意细节易使译文支离破碎，缺乏全局的连贯性。语言达意，总要依靠上下文；上下文一连贯，译者也就对细节的处理产生新的看法，或须突出，或当省略，或应变动，总之要同全局的情调或气氛一致。更深一层看，一首诗、一个作品经过翻译，实是脱离了母体，而获得了自己的生命。译文与原作有血缘关系，但又是一个独立的实体。文学翻译的创造性，归宿应在这里。

以上种种，意在说明译法，可能理论上就不正确，实践上更必是诸多乖谬，还望读者批评指正。

我译彭斯作品，从 50 年代后期到现在 80 年代中期，先后二十多年，随着多读多译，对他的了解也逐渐加深，最大的感觉是：喜悦。他一生坎坷，也写了一些颓丧的作品，但是他活得生龙活虎一般，不向权贵低头，对社会有理想，对爱人和友伴充满热情，绝大多数的作品所表达的是这样热腾腾的生活感，而艺术上又生动而又丰富，尖锐而又深厚，兼有民间文学的传统性与个人天才的独创精神，所以使人爱读，而且越读越高兴。他所留下的是喜悦的文学，不是悲哀的文学。

一首哲理诗及其翻译

读书是一乐事，但开卷又往往更感自己无知。最近读莎士比亚剧本以外的诗，翻到《凤凰和斑鸠》一首，觉得奇怪，好像从未读过似的。大概我对莎作中所谓次要作品，向来不甚注意，特别是《维纳斯和阿都尼》之类的叙事诗，总觉得展示词藻、铺陈过甚，值不得去细读。《凤凰和斑鸠》一般总是同这些诗印在一起，一看标题就以为又是神话故事之类，所以也就忽略了。

这次一读，却恨相见之晚，因为这是一首非同寻常的诗。

为了便于说明，我先把它试译于下：

凤凰和斑鸠

阿拉伯独有一树，
树上有鸟最激越。
请它做先导和号角，
贞禽会朝它飞聚。

可是嘶叫的枭，

魔鬼的前驱和仆从，
死亡将临的兆征，
不许你来骚扰。

禁止闯入我们的队伍，
一切霸道的翅膀，
除了鹰，羽族之王，
葬礼必须肃穆。

让白衣黑袍的牧师，
来唱死亡之歌，
他懂得对哀乐应和，
否则安魂缺少仪式。

还有你长命的乌鸦，
对嘴就生黑毛后裔，
只靠一口呼吸，
请你也来参加。

现在来诵葬词：
爱和忠贞已经死亡，
凤和鸠化作了火光，
双双飞腾，离开人世。

它们彼此相爱，

本质乃是一体，
分明是二，又浑然为一，
数已为爱所摧。

两心相隔，却不分离，
虽有距离，但无空间，
在凤和鸠之间，
就是这样神奇。

爱情之光照耀两体，
鸠借凤的火眼，
看自己得到了所恋，
彼即是此，此即是彼。

物性变得离奇，
己身已非原身，
同质而有异名，
不叫二，也不称一。

理智也感到困惑，
眼见是分，却又合一，
两者也难说我或你，
简单变成了繁琐。

于是理智喊道：

“看似一体，却又成双，
爱有理而理无常，
但愿分而不倒！”

接着唱起这曲哀歌，
献给凤凰和斑鸠，
爱的双星，至上无俦，
为悲壮的结局伴乐。

哀歌

美，真，罕见的风流，
始终朴素更难求！
却只剩灰烬遗留。

凤巢为死亡所毁，
斑鸠的忠贞情怀
也落入永恒长夜。

也未留下后人，
非由身残难孕，
乃因婚而保贞。

今后再说真，是谎，
夸美，也只是假相，

真和美已被埋葬。

还剩真或美的人，
请走近这骨灰瓶，
为死鸟把祷词轻吟。

这诗翻译不易，我所译必定有许多毛病，尤其诗中有若干难点，可能我的理解就有错误。不过我是力求忠实，希望多少保存了一点原貌。诗不长，仅 67 行，可分三部分：1—5 段号召群鸟来参加葬礼行列；6—13 段是葬词；14—18 段格律一变，由四行段变成三行段，是一首哀歌。此诗是连同别人的诗附在罗伯特·却斯透的《爱的殉道者，又名罗莎林的怨诉》一书后面于 1601 年出版的，虽然诗后印有莎士比亚的名字，但当时似乎没有别人提到过莎氏此作，是否确出他手，还是不能完全肯定。如果是他所作，则应是作于《哈姆雷特》等四大悲剧之前。从文字看，一反早、中期莎氏之喜渲染，异常朴素，凝缩，高度哲理化。传说中的凤凰是美丽的奇鸟，见于阿拉伯沙漠中，以香木筑巢而居，活到 500 年时自焚而死，但又从灰烬中起而重生。斑鸠则历来是爱情上忠贞的象征。将两者放在一起，是将爱情与忠贞同死亡与重生一起思索。诗的情调是肃穆的，适合所写的葬礼，而所以有葬礼，是因为

爱和忠贞已经死亡，
凤和鸠化作了火光，

然而对于这一结局，诗人没有泛泛地表示哀悼或说些爱情不朽之类的话，而是想到了另外一些问题，其表达方式也是奇特的，例如：

它们彼此相爱，
本质乃是一体，
分明是二，又浑然为一，
数已为爱所摧。

提到了"本质"，"数"，而"分明是二，又浑然为一"则引来了矛盾之言（paradox），这就进入了思辨的领域。然而被摧的何止数，连距离和空间也消灭了：

两心相隔，却不分离，
虽有距离，但无空间，
在凤和鸠之间，
就是这样神奇。

神奇到一种程度，连物的性质（property）也变了：

物性变得离奇，
己身已非原身，
同质而有异名，
不叫二，也不称一。

因此理智——通常以数学和逻辑为代表的理智——无法说明这类“神奇”，连理智本身也陷入困境：

理智也感到困惑，
眼见是分，却又合一，
两者也难说我或你，
简单变成了繁琐。

这最后一行值得多想想：事物由简变繁，归真返璞已无可能。伊甸园和黄金时代都是梦幻。

于是理智喊道：
“看似一体，却又成双，
爱有理而理无常，
但愿分而不倒！”

在这种情况下，它只能唱起哀歌。哀歌倒比较实在，所流露的哀思是实在的，那韵律也带一种深沉的叹息声，再不谈“一”或“二”、“此”和“彼”了，而转到

美，真，罕见的风流，
始终朴素更难求！
却只剩灰烬遗留。

最后出现了新意：凤和鸠没有后代，因为它们虽然结婚而保

持贞节，是柏拉图式的精神结合；它们的死亡表示这种纯洁的理想也已灭绝，因此：

今后再说真，是谎，
夸美，也只是假相，
真和美已被埋葬。

还剩真或美的人，
请走近这骨灰瓶，
为死鸟把祷词轻吟。

诗至此结束。以真实的鸟开始，经过抽象的玄思，终于回到了骨灰瓶的实物，虽然偏离了凤凰不灭的传说，多少表示了在较低的层次上还有重生的希望。

然而哲理诗不能只谈哲理，它还必须是诗。换言之，它必须是美的。那么，这首诗又美在何处？这不是一个容易回答的问题，我且试提几点。

文字干净利落，简朴而含深意，表达干脆，没有不必要的形容词之类，而有格言式的精炼，这就是一种美。

有对照，有正反，有矛盾，思想始终是活跃的，而所思涉及人生中大问题，有不少顿悟，顿悟结晶为警句，值得回味，这当中也有美。

形式完整，三个部分各有重点，不重复，有变化，第一部分的实变成第二部分的虚，而第二部分关于一与二亦即本质与表相的思考到了第三部分变成了真和美的失落与追踪，从哲理回到了人世，这一过程表现得利索而有层次，这也是美的。

诗中也有一般都会认为美的词句。一开始，它就引人进入阿拉伯沙漠，这是多少代英国诗人都认为神秘的浪漫世界。也有比喻，而且是新鲜的比喻，如“数已为爱所摧”中的“摧”（原文是 slain，即杀，更为有力）。“物性变得离奇”，“理智也感到困惑”也都是在干燥的哲理文字中加上了一点文学滋润。

最后，还有音韵的作用。这是贯穿全诗的，但又随内容而变化。此诗没有采用英诗中常见的五音步抑扬格，而用了四音步扬抑格，一行只有七个音节，四个重拍落在一、三、五、七音节上。一、二两部分每段四行，脚韵是 abba，类似某些儿歌。这一格律不甚好用，因它所产生的效果往往不是甜美滑润，而是严厉，突兀，一字一字像是蹦出来的，只宜慢读，适合肃穆的仪式，如这里的葬礼。同时，七音节的短行也促使诗人必须说得扼要，把最重要的东西突出起来，这对于简洁地表达抽象观念也是有利的，而诗人的功力则见于他把这些抽象观念不仅表达了，而且是通过观念与观念之间的关系来表达的，所用的韵律手段就是把四音步的一行分成两半，形成或对立或衬托的两方。例如：

Two distincts, division none:
Number there in love was slain.
分明是二，又浑然为一，
数已为爱所摧。

Hearts remote, yet not asunder;

Distance, and no space was seen

两心相隔，却不分离，

虽有距离，但无空间，

再加上重拍的放置（例如第一个重拍往往放在行首第一音节）除了起强调作用外，也可以随内容而形成某种格局，这就给了诗人以一种特殊的表达手段，材料是现成的，藏在诗行的音节之内，就看他有无摆弄的本领而已。应该说，此诗的作者在这方面也是很有本领的。靠了韵律之助，他使干燥的思辨语言不但打进了我们的耳朵，而且在理智感到困惑、不禁叫喊的喊声里达到一种空前的强度。

于是等到哀歌来临，韵律一变，一段三行通韵的新声使情绪缓和下来，死亡已成定局，矛盾也暂时解决，剩下的是低回，是叹息，同时也希望"还剩真或美的人"能够振作，留下了余音。

韵律所起的这样重要的作用，当然就是美学作用。

* * *

以上只是一种读法，我的读法，当然还有许多别的读法。我也参考了黄雨石同志的译文[1]和学者们的注解和评论，颇受教益，在译诗和释诗过程中也吸收了一些他们的看法。在具体细节的解释上，评论家并不完全一致，但有一点却是

1《莎士比亚全集》第 11 卷（译文），北京：人民文学出版社，1978 年，第 356—358 页。

共同的，即都认为《凤凰和斑鸠》一诗写得绝好。可以举几个较近的例子：美国诗人理查德·威尔勃称它为一首“奇异的、卓越的玄学诗”，并说“它的准确的抽象语言和生气勃勃的扬抑格诗行给予至少像我这样的读者以一种完全活跃的印象”。[1] 莎学者海立特·司密斯说此诗“在莎士比亚作品中是独一无二的，没有任何其他作品像它。……诗篇开始处的富有启发性但属传统写法的鸟类点名让位于葬词部分的强烈活跃、戏剧化的矛盾之言，后者又让位于哀歌部分的极大的抒情性的朴素和庄严。……整个变化以最经济的手段在仅仅 67 行诗之内完成了。”[2] 法国巴黎三大校长、莎学者劳贝·艾尔霍特更进一步说此诗“是独一无二的，有些评论家称它为最伟大的‘玄学’诗。……对于诗歌爱好者，如果不是对于文学史家，这首紧凑、难懂的诗可以让它自己说明自己，它的音韵和节奏的魔力使得评论成为不必要了。”[3]

附：　The Phoenix and the Turtle

Let the bird of loudest lay,
On the sole Arabian tree,
Herald sad and trumpet be,
To whose sound chaste wings obey.

1《莎士比亚全集》，塘鹅版，1969 年，第 1405—1406 页。
2《莎士比亚全集》，河边版，1974 年，第 1795 页。
3《剑桥莎士比亚研究之良友》，1986 年，第 46—47 页。

But thou shrieking harbinger,
Foul precurrer of the fiend,
Augur of the fever's end,
To this troop come thou not near.

From this session interdict
Every fowl of tyrant wing,
Save the eagle, feath'red king;
Keep the obsequy so strict.

Let the priest in surplice white,
That defunctive music can,
Be the death-divining swan,
Lest the requiem lack his right.

And thou treble-dated crow,
That thy sable gender mak'st
With the breath thou giv'st and tak'st,
'Mongst our mourners shalt thou go.

Here the anthem doth commence:
Love and Constancy is dead,
Phoenix and the Turtle fled
In a mutual flame from hence.

So they loved as love in twain
Had the essence but in one,
Two distincts, division none:
Number there in love was slain.

Hearts remote, yet not asunder;
Distance, and no space was seen
'Twixt this Turtle and his queen:
But in them it were a wonder.

So between them love did shine,
That the Turtle saw his right
Flaming in the Phoenix' sight;
Either was the other's mine.

Property was thus appalled,
That the self was not the same;
Single nature's double name
Neither two nor one was called.

Reason, in itself confounded,
Saw division grow together,
To themselves yet either neither,
Simple were so well compounded:

That it cried, "How true a twain
Seemeth this concordant one!
Love hath reason, Reason none,
If what parts, can so remain."

Whereupon it made this threne
To the Phoenix and the Dove,
Co-supremes and stars of love,
As chorus to their tragic scene.

Threnos

Beauty, Truth, and Rarity,
Grace in all simplicity,
Here enclos'd, in cinders lie.

Death is now the Phoenix' nest,
And the Turtle's loyal breast
To eternity doth rest.

Leaving no posterity,
'Twas not their infirmity,
It was married chastity.

Truth may seem, but cannot be,

Beauty brag, but 'tis not she,
Truth and Beauty buried be.

To this urn let those repair
That are either true or fair;
For these dead birds sigh a prayer.

(text according to *The Riverside Shakespeare*)

汉语译者与美国诗风

一

新近看到两本书。一本是林以亮编选，张爱玲、余光中等译的《美国诗选》，一本是奈莫洛夫编、陈祖文译的《诗人谈诗——二十世纪中期美国诗论》。两书都是早已在港、台出版，1989 年又经三联改成简体字版重印在大陆发行的。

首先引起我的兴趣的是《美国诗选》，因为我想看看诗人余光中是怎样译诗的；以写小说出名的张爱玲居然也译诗，也出我的意料。打开一看，译者不止这两位，还有编者林以亮自己和邢光祖、梁实秋（1 首）、夏菁（6 首），而以余、林、邢译得最多。介绍所译的诗人的前言，则全出余、林两位之手。

所包括的诗人是（按照原书次序及译名）：爱默森（5 首），爱伦·坡（5 首），梭罗（3 首），惠特曼（6 首），狄瑾荪（13 首），兰尼尔（5 首），罗宾逊（9 首），马斯特斯（4 首），克瑞因（5 首），罗威尔（6 首），佛洛斯特（15 首），桑德堡（4 首），蒂丝黛儿（7 首），韦利夫人（6 首），艾肯（7 首），密莱（7 首），麦克里希（3 首），共 17 人 110 首。这些诗的写作时间大约从 19 世纪中叶到 20 世纪中叶。

上列诗人当中，有两位至今是任何选本必选的，即惠特

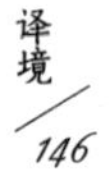

曼和狄瑾荪。他们是美国现代诗的了不得的创始者。别的人也都在一个时期闻名于诗坛，虽然从今天的眼光看，兰尼尔和蒂丝黛儿未必重要，韦利夫人和密莱的吸引力也不如前，爱眉·罗威尔的名声主要建立在她和“意象主义”派的关联，正同麦克里希主要由于他同罗斯福“新政”的关联。另一方面，即使限于二战以前已经成名的诗人，也有几个重要的遗漏，例如庞德，艾略特，威廉斯，斯蒂文司，姑且不提兰斯顿·休斯。

然而任何选本都是有选择的，而且由于这个选本是译诗选，编者还有一个实际的考虑，即：原诗是否好译。这一点林以亮在本书序言里是说清楚了的：

> 翻译上的困难更逼使编者在取舍上有时不免选择了容易译的和可以译的诗人和他们的作品，而放弃了技术上有不可克服的困难的作品。比较上说来，现代诗就要比接近传统的诗难译得多。艾略特之终于被放弃，和庞德和克敏斯等诗人的作品只好割爱，原因就在这里了。

不过，影响取舍的还有译者本人的趣味，修养，对美国诗的看法，以及当时汉语的情况；而我们今天来看这个原来出版于大约 50 年代的译诗选，则会受到后来发生的一些事的影响，如美国诗风的变化，人们对这些变化的看法，以及大陆上在译诗上的各类经验。

二

这里有译得很好的诗，如余光中译的爱伦·坡的五首。可举《给海伦》为例：

海伦，你的美貌对于我，
　象古代奈西亚的那些帆船，
在芬芳的海上悠然浮过，
　把劳困而倦游的浪子载还，
　回到他故国的港湾。

惯于在惊险的海上流浪，
　你风信子的柔发，古典的面孔，
你女神的风姿已招我回乡，
　回到昨日希腊的光荣，
和往昔罗马的盛况。

看！那明亮的窗龛中间，
　我见你象一座神像站立，
　玛瑙的亮灯擎在你手里，
哦！赛琪，你所来自的地点
原是那遥远的圣地！

韵律，用词，气氛都如原诗，几个技术难题也处理得妥当，例如专名的处理。“海伦”就是专名，不过在中国读书界已不陌生。“奈西亚”和“赛琪”译音而加注，第二节第三行的 Naiad airs 则意译为“女神的风姿”。在音韵方面，原诗第一节第四行有 weary, way-worn wanderer，四个 w 的头韵，则加注声明“译文无法表达，歉甚”，使人觉得译者坦白可亲。总之，这是出色的译文，读起来典雅而顺口。

《大鸦》一诗是另一出色的例子。正如译者在注里所说：此诗“韵律至严，翻译最难。全诗通押 never more 一韵，译文中实在无法遵守，只能每段换韵”。但他并不一味自谦，也说出做到了那些不易做到的事，如某些头韵之照译和几个拟声词之“尽到了人事”。这种态度是值得别的诗歌译者学习的。同时，它也说明了译者对所译作品研究得细，认识得深，加上他本人的诗才，结果出现了这样的译文：

> 不久，我想，空气的密度加强，被隐形的香炉所薰香，
> 六翼天使们舞着香炉，他们的足音叮叮响于垫毡的地面。
> “可怜虫，”我呼道，“上帝已赐你——派这些天使已赠你
> 安息——安息和解忧的仙剂，为了逃游对丽诺的怀念！
> 饮吧，饮此慈悲的解忧剂，抛开对过去的丽诺的怀念！”
> 可是那大鸦说，“不，永远，永远。”

一种特殊情调，通过这里的长行（除最后一行外，每行超过 20 字）和长行中某些音节的重复和多处的小停顿（位置各有不同）所形成的特殊节奏，半似呼喊，半似祈求，不只传达了原诗的音乐性，而且再现了那光影交错、浓香袭人的氛围。值得注意的，还有译者对汉语的一种拖长式处理——见

于“上帝已赐你——派这些天使已赠你 / 安息——安息和解忧的仙剂”，即在小停之后又加以重复和发展的办法，这是在汉语习惯所允许的范围内扩展了汉语的表达力。

然而像别的译者一样，余光中也有所失。一个例子是所译麦克里希的《诗的艺术》。麦克里希现在读者未必很多了，但他这首诗的最后两行则是至今还有人引用的名言：

A poem should not mean
But be

余光中译为：

一首诗不应该示意
它应该全等

这“全等”两词并非毫无根据，它呼应了前文的“一首诗应完全相等 / 不仅求真”，但原诗并无这个呼应，并且“全等”两词费解，而原诗这两行则是一个不靠上文也可以独立存在的结论性宣告：诗不必问含义，重要的是诗本身。无论如何，这两行译文是无法像原文一样作为一组名句引用的。

余光中的难题别人也未必能够轻易解决；这个例子之所以值得提出，还因为它使我们想起汉语译者的特别处境。无须再提诗是否可译的问题，那些老的引证和照例的折中答案已不必再延误我们讨论的进程。要紧的是实践——而实践必然是既有或大或小的成绩，又有若干劳而无功的挫折的。从汉语译诗的实践看，人们会发现总是有某类的英语诗译得较好，而另外有些类别则较差。《美国诗选》的实际表现就是一个例子。它有许多好译文，余光中之外，林以亮、张爱玲、邢光祖等各位也都有贡献。然而他们译得最顺手的似乎是传统的抒情诗，以至连蒂丝黛儿、韦利夫人和密莱三位女作家的蜜甜而带点哀伤的闺怨诗也译得动人；格律谨严的诗如十四行和“维朗奈尔”体也不构成特别的困难。哲理诗如张爱玲译的爱默森和梭罗所作则是短的精彩(如《断片》、《日子》)，而长的平平；原文文雅，带书卷气的可读，而接近大自然和朴素生活的显得一般。他们译得最不顺手的似乎是口语体的诗，还有就是非传统写法的现代派诗，这后者林以亮已经说过由于寻不到较好译法而放弃了。

当然，不是一切口语体诗都构成困难。这个集子里包含了惠特曼、桑德堡、马斯特斯、罗宾逊、佛洛斯特等人所作，他们都在不同程度上运用了口语。余光中译的佛洛斯特的《不远也不深》、《请进》等首还是很出色的：

他们望不了多远。
他们望不到多深。
是这岂能阻止
他们向大海凝神？

这是一类干净、修整、带沉思意味的短诗，语言是高度提炼过的，是一种特殊口语，也正是汉语译者处理起来不感困难的，所以效果也好。

那么惠特曼呢？惠特曼也有若干方面。这里选了他九首短诗，包括有名的《哦，船长！我的船长！》（林以亮译），大多译得不错。然而我们如果想找一类更能体现他的特点的作品，即昂首阔步前进式的自由体长诗，完全用口语——而且是美国口语——写的一类，那么只有余光中译的《升起，哦时代，自你深邃的海底》可算一首。

初看之下，这首仍然读起来流畅。然而如果将它同原文一比，我们就会看出不仅有的词句译得过于文气，如“壮美”（原文中口语中常用的赞词 superb），“善哉”（原文是很普通的 'Twas well），不仅节奏上仅有“哦”的叫喊而缺乏那种惠特曼特有的高昂中有低回的层次，而且漏译了多行：第一段5行，第二段3行，第三段4行，总共12行，而全诗不过48行，损失了四分之一！《草叶集》中许多诗是经过作者多次修改的，增删也是常有的事，但是这首诗却不在其列，它一直包括在《鼓声》部分，一直用原来的标题，始终没有任何增删。也许余先生用了一个不完整的版本？或者在这次用简体字重排的过程里这些行被漏掉了？

如果我们再看一下原诗，又会发现漏掉部分。包括无论从内容和表现方式上都十分重要的诗行，例如第一段第二行：

> 我为我那饥渴的壮汉般的灵魂长期以来吞噬着大
>   地给我的一切
>
> （赵萝蕤译文，下同）

又如第三段接近尾声处的四行：

> 我遗弃并离开了我那些十分喜爱的都市，我快步奔
> 　　向适合我的那些有把握的地方，
> 渴望着，渴望着，渴望着原始的活力和大自然的无
> 　　所畏惧，
> 我只靠它振奋自己，我只爱品尝它，
> 我等着受抑制的热量爆发出来——我在水上、空
> 　　中等了很久

这里有惠特曼的典型写法，如长行，重复（“我”在全诗不断出现，“渴望着”紧接三次重复），从而积累起一种越来越大的力量；多音节大词出现在关键地方（如出现在行末的 primal energies and Nature's dauntlessness，译作“原始的活力和大自然的无所畏惧”），而这“无所畏惧”一词正是本诗的灵魂所在，即诗人在这里先是感叹大自然的伟力之可怕，临到最后却断然抛弃“蛇样腾起又伏下的叫人作呕的怀疑”，从电火跃动的城市获得鼓励，看到了“人的爆发”，看到了“好战的美国起而迎敌”，无畏变成了新大陆人民的品质。

漏掉了这些关键诗行，惠特曼也就遭受了重大损失。回头再来看译者的文雅化趋势和在节奏上的缺乏革新，我们就更加看清汉语译者——即使是译别类英语诗颇有作为的汉语译者——在碰上这位美国口语体诗人时所面临的困难。

这困难不只是译者个人才能问题，而牵涉到从汉语诗的传统里出身的人对现代美国诗的特点的了解问题，也牵涉到

汉语在翻译这类诗时需要作多大调整的问题。

三

现在我们可以看一下《诗人谈诗：二十世纪中期美国诗论》了。原作是1966年出版的，编者是霍华德·奈莫洛夫；译者是陈祖文，译于1973—1974年间。

奈莫洛夫是诗人，他向若干位同行诗人提了四个问题：

1. 你写诗中间有无重要变化？ 2. 诗是否有过“革命”，还是只有一些技巧上的小变化？ 3. 你的诗受到世界变化的影响了么？ 4. 你怎样看文学批评？（问题的原来措词比较曲折，我们把它简化了。）19位诗人（包括他自己）回答了这些问题，这本书就是他们回答的合集。

这19位诗人只有一位（艾肯）的作品见于林以亮编的《美国诗选》，梅瑞安·穆尔也出名较早，其余都是在二战以后才活跃于诗坛的人。他们的作品正好是《美国诗选》所包括的后续。这本《诗人谈诗》虽然不是作品选，但也包括了不少引诗，而听听诗人们谈诗，既可对他们自己所作增加了解，又可看看他们对美国诗是否有过“革命”、诗人与当代世界的关系等重要问题的意见。同时，就题答问不同于写论文，方式比较随便，有的诗人必有妙答，所以颇值一读。

19位中，人们比较熟悉的也许是下列几位（照此书译名）：约翰·柏瑞曼，罗伯·邓肯，里查·魏尔伯，里查·艾伯哈特，葛瑞葛里·柯索，当然还有艾肯、梅瑞安·穆尔和奈莫洛夫自己。不过，在同一时期活跃的诗人当中，我们听不到阿仑·金斯堡的声音，虽然他的1956年出版的《号叫》

长诗曾经叫出了旧金山垮掉的一代的人生哲学；也没有罗伯特·洛威尔的声音，虽然正是在50年代下半叶他的诗风经历了一次大的变法；也没有堪尼斯·考希、弗兰克·奥哈拉、约翰·阿希勃里等人的声音，虽然他们的“纽约诗派”正是在50年代开始独树一帜的；此外还有许多重要诗人也未在此出现，我们就不一一列举了。这未必是作为主编的奈莫洛夫的过错；也许不少人接到了他的问题而不愿或无时回答。我们要说的只是：美国现代诗方面广，不是答题的19人所能充分代表的。

但是已有的回答也有足够的多样性。多数人谈自己的诗多，例如里查·艾伯哈特一口气引了自作13首，并且逐一加以说明。里查·魏尔伯不仅谈了自己的诗，也对所问问题提出了看法，例如他认为：

> 美国诗歌在表面上虽然有很多相同性，内里却花样百出，但也有忍受异端的雅量。我们并非一个安定下来，有一致的信仰的国家；我们并非只有一种文化……

这一点正是值得每个研究美国诗的人记住的：它的复杂性。别的诗人也发表了类似看法。杰克·吉柏特更从自己写诗的经历出发，对于1965年的美国诗坛作了一个纵览，谈到了美国诗的两个伟大时代，一个是1914年以后以庞德、艾略特、华莱士·斯蒂文司、威廉斯、佛洛斯特和克瑞恩等人为代表的“第一黄金时代”，另一个是1960年出现一大群年青诗人的更新时代。他把这些新诗人分为两派：学院派和地下派，而后者又至少包括三派：敲打派（即大陆上所谓“垮掉派”）、黑山派和纽约派。变动明显，新人辈出，不仅各自的经验不同，题材不同，写法和语言也很不同，这就用事实回答了奈莫洛夫所提的问题：现代美国诗确是经历过了革命。

当然，老诗人梅瑞安·穆尔另有一种答案，她说：“我觉得，作者的个性和情感必须超越各种风尚”（第13页）。她是运用轻音节的大师，拉·芳丁《寓言集》的卓越译者，对于醉心于文学风尚、津津乐道新奇派别的人，她这话值得听取。同样说得好的是这样一句话：“艺术里不应矫揉做作和卖弄学问”（第21页）。这也是切中时弊的。

一个相联的问题，即现代美国诗是否有大不同于英国诗的语言特点，也有不同的答案。穆尔就说，“我觉得美语跟英语不应有什么区别，我只觉得我们——所有的作家——在文字上越来越简洁”（第21页）。另一位老诗人康拉德·艾肯的回答则是：在1925年以后的30年中，“用英语写诗写得最好的该是美国。事实上，自从那时以后，美国诗都是最佳的。在某种意义上说，英诗已经移到美国来了”（第6页）。艾肯是艾略特在哈佛的同学好友，原本是喜爱英国传统的，但是后来回到美国，“发觉祖先的根源紧抓住了我——我必须在这里永居”（第3页）。

其实，不仅确有语言特点，而且正是这些特点是这个革命的明显标志之一。仅仅说用了口语韵律还不够，因为英国诗也有以口语体见长的；而是换上了美国的“下层口语”，即“在大地上流动的，肉体性的语言，人人都对它有贡献，温暖的，强烈的，应用短词，与官感密切相通，富于乐感，能抒发感情的语言”。这话是另一个美国诗人罗伯特·勃莱后来说的。他认为美国诗能用上这样的美国口语是三个人的功绩：惠特曼，庞德，威廉·卡洛斯·威廉斯。影响不仅见于诗创作，也见于诗翻译：“眼前在美国搞的卓越翻译，已经进行了三十年之久，部分地是这三位的赐予，由于他们深信诗是可以用口语韵律来写的”（《翻译的八个步骤》，1986 年，第 29 页）。这就是说，诗歌革命也带来了译诗的丰收。

《诗人谈诗》也是译本，不仅有散文部分的译文，还有大约一百首引诗的译文。这里的散文并不好译，因为都是谈诗艺的，而这类诗歌评论有时比诗还难译；现在我们居然看得下去，还能欣赏若干警句，这就已是译者的成就。就译诗而论，则这里也出现《美国诗选》中已经见过的现象，即传统形式的短诗译得较好，而口语体的以所谓“现代敏感”写成的诗则较差，而且情况更加严重，因为 20 世纪中期的美国诗主要是这类诗。

四

为什么会这样？为什么对于汉语译者，惠特曼—威廉斯这一路的美国诗——恰恰是最典型的美国诗——难译？

所谓难，不在于人们常说的“形似”。光从这路诗的表面意义讲，用汉语传达并不难。在这种水平上，还有比威廉斯的《一架红色手推车》更容易翻译的诗么？然而译出了它的全部词的字典意义，完全照原作断行，保存了所有的形象，并不等于译出了这首诗，因为缺了原有的节奏、口气、回响、言外之意，而这些构成了诗的意义的一部分。这种节奏、口气、回响、言外之意又是美国现代生活里产生的，是美国现代文化的一部分。

来自汉语诗传统的中国译者则有他自己的诗歌观，往往会觉得这类诗算不了诗。他对于美国诗的发展也会有自己的看法，往往喜欢整洁的多于豪放的，而这看法就在美国本身也会找到支持者，因为文雅传统也确在发展，至今美国诗内部也是各种倾向、各种写法并存的。

而等他认识到这类诗的重要，决心来认真翻译的时候，他又发现他所掌握的那类文雅汉语不足以胜任这个工作。汉语当然也在变。正因为有了白话文这场革命，外国诗的翻译才能兴旺起来。但是懂外文的中国译者由于教育和素养，一般所掌握的汉语是高层的，比较正式，比较文，所谓白话也往往是书本里或舞台上的白话。余光中、林以亮、陈祖文等各位掌握的就是这类汉语。能掌握更有土壤气息的口语体汉语的当然另有人在，但是他们往往又因不懂外语而不涉足翻译界。

那么，就真的完全陷入困境了么？也不然。

一方面，事情在变，汉语也在变，会有新的一代译者起来。另一方面，老辈——甚至老到在五四时期出现的一辈——也不是没有人作过有意义的尝试。那时就有人非常喜欢惠特曼，正同后来又有人喜欢并且译过马雅可夫斯基、聂鲁达等人的豪放的口语体诗歌。请看 1920 年出现的这样一首诗：

笔立山头展望

大都会的脉搏呀！
生的鼓动呀！
打着在，吹着在，叫着在，……
四面的天郊烟幕蒙笼了！
我的心脏呀，快要跳出口来了！
哦哦，山岳的波涛，瓦屋的波涛，
涌着在，涌着在，涌着在，涌着在呀！
万籁共鸣的 Symphony，
自然与人生的婚礼呀！
弯弯的海岸好象 Cupid 的弓弩呀！
人的生命便是箭，正在海上放射呀！
黑沉沉的海湾，停泊着的轮船，进行着的轮船，
　　数不尽的轮船，
一枝枝的烟筒都开着了朵黑色的牡丹呀！
哦哦，二十世纪的名花！
近代文明的严母呀。

这不是译诗，而是创作，然而这气派，这重复的叫喊，这跳跃节奏，这对于语言的大胆革新（过去谁曾在诗里用过“打着在，吹着在，叫着在”这样的句子？），这在现代城市里发掘新的美的努力（多么新鲜的形象：海岸如丘比特的弓弩，烟筒里开着黑色的牡丹）——这一切是纯然惠特曼风的。作者不是别人，而是在同一诗集里高呼“啊啊！惠特曼呀！惠

特曼呀！太平洋一样的惠特曼呀！”的青年郭沫若。他来自汉语古典诗传统，以后又要回到那个传统去，但是在五四以后的几年里，沐浴着新文化运动的清风和朝阳，在一切奔腾、开放的思想气候里，他对汉语的使用也达到了一个新的境界，汉语这个古老的文学语言也在他的手上活跃起来，于是条件具备，出现了有强烈的惠特曼气派的新诗。用这样的诗才和这样的语言来译《草叶集》又该多好！这个历史的机遇过去了，但也无须慨叹，因为可能性已在那里，只待后人作更大努力而已。

另一面镜子：英美人怎样译外国诗

一

国内讨论翻译实践的文章以观察从外文译成中文的成果为多，译者都是中国人。

是否也可以看看另一方面，即从外文译成英文的情况？

不久前朋友寄来一本小书，是美国当代诗人罗伯特·勃莱写的《翻译的八个阶段》(Robert Bly, *The Eight Stages of Translation*, St. Paul: Ally Press and Boston: Rowan Tree Press, 1986)。它谈的是勃莱自己翻译里尔克的一首十四行诗的经验，后面附有勃莱的其他译诗。勃莱是美国中西部明尼苏达州的著名诗人，有人称他为“超现实主义者”，实则他关心时事，在60年代积极参加反对越战的群众运动，题材很现实，写法除形象有点特别外也明白如话，与人们过去所理解的“超现实主义派”很不相同。他又常常译外国诗，主要是北欧、拉美的，对中国唐诗特别是白居易的诗也深为折服，甚至仿白居易而写了《想到〈隐居〉》一诗。

通过这次他译里尔克的一首诗的经过来看，他译时不是一挥而就，而是很动脑筋的，从初稿到最后定稿一共经历了八个阶段。

这八个阶段可以简述如下：

1. 了解原诗和译诗之间的社会文化差别。里尔克诗中用词强调树木花草生长的困难，而这是与美国人的观念相反的，例如惠特曼着重写的就是生长的自发性。

2. 如何处理词序？德语中动词往往放在句尾，离主语很远；而在英语则往往动词紧接主语，中间不隔。

3. 译文是否美国英语？如原诗是口语体，还要问：译文是否美国英语口语体？勃莱说：过去的美国译者从不问这个问题，但现在情况大为不同了，这是由于——

> 惠特曼、庞德和威廉·卡洛斯·威廉斯三位使我们每人都对口头英语和口头美语具有更敏锐的感觉了。眼前有卓越的翻译正在美国进行，实际上已经进行了三十多年之久，部分地是由于这三位的赐予，由于他们相信可以用口语节奏来写诗。
>
> （第 29 页）

这段话值得我们注意，它道出了诗歌翻译同诗歌语言——而最后又同整个语言状态的关系。

4. 调子，或语气问题。弄对了是口语体还是书面体之后，还得保持原诗的调子或口气。里尔克的德语至少有两个层次：高层和低层。但即使是他的低层也比低层美语略高一点，因此译文又不宜太俗。

5. 声韵问题——这个不同于格律。勃莱把格律同“肌肉系统里听感到的某种节奏”分开，后者又可称为“一种身体的运动”（第 38 页）。里尔克常将重读放在诗的第一行第一音节上，这是基督教以前时期的诗的特点，而英语诗惯用的则是五音步轻重律，即每行第一音节是轻读的。勃莱对自己的译文作了调整，尽量将重读放在每行第一音节上，如将里尔克的原文

Frühling ist wiedergekommen

译为

Spring is here, has come!

6. 向本族语者（即在德国出生、成长的人）请教——这是“一个非常痛苦的阶段”，勃莱说；因为不仅暴露出不少错误，而且许多自己最得意的译法也被证明是站不住脚的。

7. 参考别家译文。里尔克的这首十四行诗已有三种译本：两英一法。勃莱最喜欢法译，最不喜欢李希曼译的一种英译，理由是后者把脚韵也照译了，而且“加上了损坏了全诗整体性的额外形象”（第 44 页）。李希曼是牛津大学教师，译德国诗也是有名的。

8. 最后加工。

这样详尽地谈一首短诗翻译过程的文章，在我还是第一次见到。其中有许多值得思考的东西。例如德美两国虽同属西方文化，而对万物生长的看法不同，德重其艰难，美重其自然蓬勃，而这一不同看法具体表现于用词上，这是我们第

三国的读者未必能够一眼看清的。（同样，我们也可以回想一下：中西文化对某些自然和社会现象的看法不同不也同样表现于诗歌用语上么？而我们在翻译的时候是否作了相应的处理？）又如对于美国文学翻译的现状的观察和几位口语体大诗人在这当中的作用的看法，出自一个美国诗人之口，就不是泛泛之言，而是一个实践者的内行判断了。

综合起来，这里涉及三个大问题，即：

一首诗的意义；

诗艺的情况；

语言的情况。

1. 诗的意义。译诗须弄清原诗意义，自不待言。勃莱的话，却更使我们认识到意义的复杂与了解之不易。外国诗有外国的社会文化因素（上述德美对于生长的看法不同即是一例），已经构成巨大困难，而意义的复杂性还在于仅仅了解一首诗的字面意义是不够的，还须考虑到调子或语气，句子结构、节奏、风格的层次（是口语体还是书面体，属于该体中高层还是低层），以及不同诗人给以不同名称的其他因素，如佛洛斯特所称的“句子声韵”，裘尔孙所称的“心灵的语词”，勃莱所称的“片语的活的调子或芬芳”，等等。意义是这一切的综合。对这个综合无了解，就不能说对于诗的意义有了解。

2. 诗艺情况。大凡译诗的人，总想所译像诗。可是什么才算诗，看法却是随着时代与人而变的。勃莱所说最近 30 年间美国诗歌翻译之所以成绩卓著，一个重要原因是惠特曼、庞德、威廉斯三人进行了一场诗歌革命，其特征在于能用口语节奏写诗。这就是说：诗艺的革新也提高了诗歌翻译的质量。美国诗从惠特曼起走出了一条不同于英国诗的道路是公认的事实，译诗方面成果累累也有目共睹，两者之间显然有关，只是其紧密程度究竟如何需要进一步研究而已。在我们中国，也有一种类似的发展，即在五四以后白话诗登场，诗艺经过了重大变革之后，外国诗的翻译才繁荣起来。

3. 语言情况。只要动笔，就离不开语言。但是一种语言有处于比较停滞的时候，也有处于比较活跃的时候。比较活跃，有利于翻译。英国翻译的盛日之一是16、17世纪伊丽莎白一世时期，正是英语变动较多、大量吸收外来成分的时期。中国语言在五四新文化运动期间也处于比较活跃时期，其标志之一是在文学写作中白话代替了文言，这也为翻译带来了一个活动频仍、成果丰硕的繁荣时期。就译者个人说，他必须对于语言有足够的敏感，必须认识它的特点，层次，精华所在，弱点所在，它的过去与现在，有哪些事是它乐于做也善于做的，又有哪些是它不愿意做也做不好的，特别在它处于比较活跃、变动较多的时候更须有清楚的认识。这样的认识一般只有本族语者才有——这就是为什么对于中国译者来说，他主要的工作只能是外译中。特别在诗歌翻译方面，外文特好的人虽然也不妨偶尔一试将中国诗译成外文，但他的真正成就必然是在外译中。这是因为正是在诗歌中，一种语言处于最本质、最纯粹又最敏锐的状态，就连本族语者也须有修养、锻炼和敏感才能运用得好，更不必说只是在课堂上根据书本学外语的别国人了。

就译者个人讲，即使是本族语，他所掌握的方面也是有限的，擅长的往往偏于某一层次、风格，无所不能的人毕竟不多，因此译者应该选择在语言风格上适合自己所长的作品来译，才会得到最好效果。

还有一个问题，即：现代人用什么语言译古代作品？当然用现代语言，但又要避免过分现代化的名词、说法。能不能找到一种时间性不太强的语言？应该是可能的，但需要译者有绝好的判断力。特别在译诗的时候，需要译者有能力找到一种纯净的、透明的然而又是活的本质语言——这又只有诗人最为擅长，因此就从语言来说，也需要诗人译诗。

以上三方面又是互有关联的，正同勃莱的八个阶段是互有关联的。他自己也说，“这些困难其实就是一个困难，是一个巨大的，盘根错节的，叫人生气的，常有假象的，拒绝我们去接近的，糊里糊涂的，然而密不可分的一团东西”（第 13 页）。我们在上面所说的三大问题实际就是一个问题，即：如何在诗歌翻译中运用当代语言。

二

另一本值得一读的书是查理士·汤林生编的《牛津英文译诗选》（Charles Tomlinson, ed., *The Oxford Book of Verse in English Translation*, 1980）。

此书共选择译诗 600 首（部分是摘自长篇的片断），按译者的年代先后排列，起自 15 世纪的苏格兰诗人盖文·道格拉斯所译的维吉尔的《伊尼特》，终于迈克·亚历山大（1941 年生）所译的古英语诗《航海者》。而在二者之间，几乎古今所有的英国著名诗人都有译品在此，举其大者有：斯宾塞（译法、意文诗），查普曼（译荷马），马洛（译奥维德），堂恩（译拉丁文诗），班·琼生（译拉丁文诸家诗，又希腊文诗一首，共11项），密尔顿（译希伯莱文诗二首，拉丁文诗一首），德莱顿（译荷马、维吉尔等诗，又译乔叟诗，共25项），斯威夫特（译拉丁文、法文、爱尔兰文诗，共5项），蒲柏（译荷马两大史诗，共30项），华兹华斯（译拉丁文和意大利文诗），柯尔律治（译德文诗），拜伦（译希腊文、拉丁文诗），雪莱（译希腊文、意大利文、德文诗，共12项），济慈（译隆沙法文诗一首），此外还有勃朗宁夫人，爱德华·费茨求尔德，丁尼生，罗塞蒂，莫里斯，司文朋，霍普金斯，霍斯曼，哈代，叶芝，等等。进入到20世纪又有斯蒂文司，威廉斯，庞德，玛丽安娜·摩亚，艾略特，阿瑟·威利，麦克迪儿米德，贝克特，奥登，罗伯特·洛威尔，堂纳德·台维，威廉·S.茂文，比德·包特，台特·休斯，东尼·哈里森等。

大致翻一下目录，我们就可以看出：1.古今并选，相当齐全。2.苏格兰译者不少，美国人也包括在内。3.历来所谓名译，都备一格，如查普曼与蒲柏译荷马，德莱顿译荷马、维吉尔与乔叟，费茨求尔德译《鲁拜集》，莫里斯译北欧史诗，玛丽安娜·摩亚译拉·芳丁《寓言集》，以至庞德与威利译中国唐诗，等等。4.西欧古典诗人中，译得多的除荷马、维吉尔、奥维德外，要数拉丁诗人卡图鲁斯，译过他的人有雷利，雪尼，甘比安，班·琼生，克拉肖，拉弗莱斯，考莱，汤姆·勃朗，华尔希，斯威夫特，费莱尔，华兹华斯，兰陀，茹考夫斯基等，而且大多译他的《卡明娜》系列中诗。5.当代译诗的重点转移到西欧和苏联，后者选有勃洛克、茨维退也娃、曼德尔斯坦，但没有阿赫玛托娃。6. 也选了几首译自美洲印第安人的诗，这在别的选本中是少见的。

然而译品又不是随便凑合而是经过精心挑选的。大致看得出来这样一种趋势：译者挑诗人或者作家，译品选符合当代西欧文学趣味的一类。编者本人汤林生就是一个诗人，他也选了自译马恰陀和奥克塔维奥·帕斯（1990 年诺贝尔文学奖得主）的西班牙文诗和壁柯罗的一首意大利文诗。他的实践和理论都注重一点：以诗译诗。他在本书的序言里，开宗明义就引了荷马史诗译者乔治·查普曼的名言："以诗辟诗"。

他的英雄是德莱顿。"如果我必须选举我们最伟大的翻译家的话，我将投德莱顿的票。"他的遗憾是：德莱顿没有能够活着完成《伊里亚特》的翻译，"如果他能活到那么长，英国诗的未来将是很不同的"。而德莱顿说自己的译法是："我既增又删，有时替我的原作者们作了发挥，到了一种程度，不会有任何荷兰学究饶恕我的。"

这样的译法不专属于德莱顿，许多别人也是自由译者。例如比德莱顿略早的约翰·但能爵士（他也译过荷马和维吉尔）就写诗称赞另一译者：

> 您高贵地不走那条奴才气的小道，
> 不屑于字跟字、行对行的一套。……

现代诗人而从事翻译的，说的话就更加绝对了。例如帕斯就说：

> 在西班牙文中，我们称字面式翻译为servil（奴性式），这是很有意思的。我不是说字面式翻译不能做到，只是说它不是翻译。它只是一种方法，把一些词串起来，对于我们阅读原文文本倒有帮助。它更接近字典而不是翻译，翻译永远是一种文学活动。
>
> （引见此书序言，第xv页）

苏联诗人兼翻译家巴斯捷尔那克则认为：“译品应能同原作平起平坐，它本身是无可重复的。”（第vii页）这就是说，译品应有它独立的、内在的生命。

这些都是断言。有无具体的例证呢？除了有本书的全部选目作证，编者在序言里也提到了几个近例，其中之一是伊莲·芬斯坦译的玛林娜·茨维退也娃的诗。他认为这些诗之所以译得好，是因为译者感到一种“内在的压力”，因此才能为历经坎坷的原作者的俄国式敏感找到一种英文风格。“这种个人的联系是头等重要的，”他接着说，“诗歌翻译不只是一件要做的工作。在最好的译品里译者和被译者有一个互相默契的领域，也就是在精神上有互相同情的东西。”（第xii页）

另外一个例子——不出人们的预料——是庞德译中国唐诗。但是编者所引的却是庞德《歌章五十二》（Canto LII）中的一节，据说是中国古经典《礼记》的译文：

Know then:
    Toward summer when the sun is in Hyades
Sovran is lord of the Fire

to this month are birds
with bitter smell and with the odour of burning
To the hearth god, lungs of the victim
The green frog lifts up his voice
and the white latex is in flower
In red car with jewels incarnadine
to welcome the summer

汤林生对此予以极高的评价。他说：在这样的译诗里，“那辉煌的行进式节奏给了我们一点英国的东西，又给了我们一种无法排除的外国的、辽远的东西”，因而在这样的译文里，他“听到了英语文化在同别的文化进行着对话”（第 xiii 页）。

而作为失败的例子，他引了 H. A. 茄尔斯译的王维诗：

Dismounted, o'er wine
we had our last say:
Then I whisper, 'Dear friend,
tell me whither away,'
Alas, he replied,
I am sick of life's ills
And I long for repose
on the slumbering hills
But oh seek not to pierce
where my footsteps may stray:
The white cloud will soothe me

for ever and ay.

这首诗的原文如下：

送别

下马饮君酒
问君何所之
君言不得意
归卧南山陲
但去莫复问
白云无尽时

茄尔斯是英国19世纪末的名汉学家，曾著《中国文学史》(1901)，有一个时期，他的译诗在英国是有不少人称赞的。这首王维诗能译到这个程度，是煞费苦心的。然而汤林生对它的批评是：

> 这首王维诗译文的一半毛病在于它的荒谬的轻佻格律。说到底，是译者的耳朵不灵——如查理士·莪尔生在《射影诗》一文中所说，"耳朵应是贴近心灵的，是心灵的耳朵，能听见心灵的言词"，心灵的言词正是一个译者在不断寻找，要在他自己的文字里体现出来的，不管因此他要如何牺牲原诗的格律和诗段形式。他在这事上的成功程度决定他的词语是否能有一种"人对人讲话"的效果。
>
> （第xvi页）

汤林生的批评是后一代诗人对于前一代学院派译诗者的批评，他的中心主张是：为了追求“心灵的言词”，宁可牺牲原诗的格律和诗段形式。另一个著名诗人兼翻译家堂纳德·台维说得更具体：“在译有脚韵的诗时，第一样要去掉的是脚韵，其次是格律。而那些外行，可怜的怀疑者，总觉得不保存诗的外形特点就连诗也不存在了。”（第 xii 页）我们记得，勃莱不喜欢李希曼译的里尔克诗，原因之一也是他保留的脚韵。

关于译诗是否用韵的问题，在中国翻译界也是有争论的。把外文诗译成中文，如果原诗有脚韵，译者有能力在译文中保存脚韵，也是好事；实际上，我们的优秀译诗者如戴望舒、卞之琳、查良铮，是用韵而很出色的。但是脚韵只是诗的一个方面。如果有译者不用脚韵而在其他方面做得很好的，也不应受到排斥。因为译诗是一件十分困难的事，在两种语言之间要求做到完全的对等是不可能的，总须有所牺牲，如果译者为了保全其他方面而牺牲脚韵，也比勉强凑韵而造成额外困难要明智些。而把中国诗译成外文，如果译者是中国人，问题就更为复杂了。首先，他对于外文的掌握要真正达到译诗的要求。其次，他必须了解在每种语言内部韵的作用是各有传统、办法和利弊的。

就英文诗而论，韵的好处主要是优美动听，但是早就有诗人看清了韵的另一面，即其缺点和流弊——而反对用韵。密尔顿在《失乐园》的前言里着重谈的就是韵的毛病，认为原来古希腊罗马的诗不用韵，韵是后来“野蛮时代的创造”。莎士比亚的英国诗剧不用韵，因为韵并不提供真正的音乐的愉快，只不过是“同样尾音的叮当作响”，而这是古代诗人不仅在诗里，也在好的演讲词里力求避免的。因此，密尔顿认为在史诗里不用韵不仅不是一个缺点，而是“把英雄体诗篇从累赘的现代桎梏里解放了出来，还给它原有的自由”。

密尔顿的时代早已辽远了，今天的英国诗人又怎样？两大传统，即有韵和无韵的英国诗，都在继续，只不过在本世纪 20 年代，英国也进行了一场诗歌革命，其中心人物是美国来的庞德和艾略特。他们带来了自由体、口语节奏和新形象。由于诗歌趣味的改变，诗歌翻译也起了改变。威利译唐诗正是在新的英国诗风形成的时候，而茄尔斯所译王维诗之所以原来受到称赞，后来受到揶揄，原因之一是他所用的格律、脚韵和词藻属于 19 世纪末叶浪漫派正在衰落的旧传统。

诗风的改变也影响了诗人们对于脚韵的看法。在艾略特等人的影响下重新流行起来的 17 世纪玄学派诗如堂恩所作表现了用险韵来达到某些特殊效果（如挖苦、讽刺）的本领，而对于口语体诗歌的推重又使他们更清楚地看到蒲柏、拜伦这一支脉诗人在用阴韵、怪韵、外国词凑韵上的奇妙。韵的运用从来都有各种情况，从来不是仅仅为了优美和谐，事实上精湛的诗艺家总是像密尔顿一样意识到要避免“同样尾音的叮当作响”，直到 20 世纪都有大诗人如叶芝和奥登等人就在用韵的时候也故意要用半韵、不完全韵、眼韵等等来防止“叮当作响”的机械、单调或过分优美，而为数可观的别的诗人则干脆什么韵也不用，而致力于诗歌艺术的更重要的其他方面，例如诗歌语言的清澈和新鲜。

因此外国译者将外国诗译成英文而保持脚韵的时候，要了解英文诗用韵的奥妙和得失。既然本族语者也为了整诗效果而不用韵，那么外族语者又何必勉强用它？毕竟韵不是一首诗里最重要的因素，整体的语言质量（而这是随着时代而变的）才应是第一个要考虑的。

从实践来看，外国人译外国诗为英文的成功例子又有几个？非洲和印度有若干一贯用英文写诗而出名的作家，但是他们往往是长期生活在英语与本族语并用的环境里，而且本人创作是一回事，翻译则由于要忠实于原作而有额外的困难，这些人当中似乎也没有出现大的英文译家。

倒是在把外国诗译成本族语的方面，却在世界广大地区都硕果累累。我们中国就有几代诗人翻译家在外译中方面作出了辉煌成绩。现在我眼前这本《牛津英文译诗选》也以其从古到今共600首译诗的实例证明译诗的活动是不断的，几乎所有重要诗人都动过手的，对于扩大读者的视野、提高文学趣味、了解外国人最深切的思想感情起了别人无可替代的作用。每一首好的译诗不仅是好的翻译，也是好的创作：庞德和威利的译品已经成了现代英语文学的精品。因此，尽管不断有人——包括大诗人——慨叹诗不可译，译诗的人只要精于所业，是不必畏缩的。译诗是会有所失的，但所得却是深层的文化对话，是新的创作生机，是给这个多难的世界以慰藉和希望。

Translation Standard in China: a Survey

What constitutes excellence in translation? The answer made by Yan Fu at the start of a great era of translation in modern China has had a lasting effect. Writing in 1898 in the preface of his own translation of Thomas Henry Huxley's *Evolution and Ethics*, Yan laid down this criterion:

> Translation has to do three difficult things: to be faithful, expressive and elegant. For a translation to be faithful to the original is difficult enough, and yet if it is not expressive, it is tantamount to having no translation. Hence expressiveness should also be required . . . . The *Book of Changes* says that rhetoric should uphold truthfulness. Confucius says that expressiveness is all that matters in language. He adds that if one's language lacks grace, it will not travel far. These qualities, then, are the criterion of good writing and, I believe, of good translation too. Hence besides faithfulness and expressiveness, a translator should also

aim at elegance.[1]

Thus the famous three-point standard for a good translation. What lent authority to the pronouncement was Yan's own success as a practitioner, for besides Huxley's work, he also rendered into elegant classical Chinese Adam Smith's *Wealth of Nations*, Montesquieu's *Spirit of Laws*, John Stuart Mill's *On Liberty* and *System of Logic*, Herbert Spencer's *Principles of Sociology*, etc., all basic books of modern Western thought. There is a lot more in the preface—such as Yan's explanation why he did not go in for a word-for-word or even sentence-for-sentence translation but had resorted to paraphrase in many cases—but it is the three points that have come to exert a tremendous influence on almost all later translators and writers on translation in China.

This standard, agreed to by nearly everybody, has nevertheless occasioned endless controversies. Even the point about faithfulness to the original has been disputed. Faithful to what, it has been asked, to the letter or spirit of the original? In the early 1930s, the question was hotly debated between two schools of translators, those who went in for "smooth" rendering and those who practised literal translation. The former found their spokesman in Zhao Jingshen

---

1《天演论》译例言；罗编，第136页。(Luo Xinzhang, ed. *On Translation*. Beijing: Commercial Press, 1984 [hereafter referred to as "Luo"], p. 136)

(赵景深), who argued that since readers cared above all for something easy to read, he wouldn't mind a few departures from the original so long as he could produce a smooth version. Thus he would "rearrange Yan's three points in a new order, as follows: expressiveness, faithfulness, elegance".[1] The latter included the eminent writer Lu Xun and the communist ideologue Qu Qiubai (瞿秋白), who not only upheld faithfulness as the first principle, but gave it a new interpretation. For they would equate faithfulness with literalness, and literalness included the reproduction in Chinese the sentence structure and word order of the original—and this for a good reason:

> A literal translation introduces not only new subject matter, but also new ways of expression. The Chinese language, whether written or spoken, is too imprecise . . . . To remedy that, we will have to undergo a little ordeal, that is, to bring in bizarre ways of constructing sentences—ancient, outlandish, foreign ways, incorporating them into our language.[2]

Thus Lu Xun. His friend Qu Qiubai would go even further:

1《读书月刊》1931 年第 3 期；罗编，第 267 页注 [3]。(Luo, p. 287, n. 3)

2《二心集》，1932 年；罗编，第 276 页。(Luo, p. 276)

> Our demand is: absolute accuracy and absolute vernacular. By the latter I mean the language used must be intelligible to all when read aloud.[1]

He too believed in the necessity of introducing new linguistic elements, but with this proviso:

> To create new ways of expression, they must fulfil one condition, namely, they can all be spoken.[2]

This is asserted vis-à-vis the archaic prose used by Yan Fu as well as the sort of half-bookish, half-vernacular, "lackey's lingo" spouted by Zhao Jingshen and others.

Qu also disposed of "elegance", another much disputed point. By elegance Yan Fu had meant the use of "the vocabulary and syntax of the era before the Han Dynasty" which he insisted "could express subtle thoughts better than latter-day journalese", though his real purpose was to attract the mandarin-scholars, "those who read ancient classics". This became an untenable position after the language reform of 1919, when *baihua* or the spoken language replaced *wenyan* or classical Chinese in most publications. In any case, if the original is not written in a deliberately archaic style, then any

1《瞿秋白的来信》；罗编，第 276 页。(Luo, p. 276)
2《再论翻译》；罗编，第 281 页。(Luo, p. 281)

attempt at giving it an antique glow in the translation amounts to a violation of Yan's first principle, namely, faithfulness. Hence Qu Qiubai's observation: "In espousing elegance, Yan wiped out faithfulness and expressiveness".[1] Still, the dispute went on unabated about what constitutes elegance and, indeed, whether elegance should be made a criterion at all. Obviously, a good deal depends on the nature of the original. If the original is not elegant in language, stylistic embellishments would be quite out of place. And in certain kinds of writing, such as philosophical works, a translator is often obliged to combat the very idea of elegance. Professor Chen Kang (陈康), after translating Plato's "Parmenides", sums up his experience thus:

> Faithfulness is our unshakable fundamental principle. Our translation cannot but be literal. Being literal, it is often inelegant, even unidiomatic. Whenever it becomes impossible to take care of both meaning and language, our self-imposed rule is: keep the meaning even at the expense of the language, not the other way round. True, there is the adage: "If language lacks grace, it will not travel far," but we could add: "If language exceeds substance, the farther it travels the more humiliating it becomes."[2]

1《瞿秋白的来信》；罗编，第 267 页。(Luo, p. 267)
2《柏拉图〈巴曼尼得斯篇〉序》；罗编，第 445 页。(Luo, p. 445)

He, too, has a reason why inelegance is often unavoidable:

> The purpose of translating philosophical writings is to convey ideas unknown to one's native land. However, the words and expressions of a particular language are accustomed to express, as indeed they can only express, ideas already in that language. Hence if we adhere absolutely to the principle of faithfulness and yet want to express in words and expressions already familiar to us ideas that have never occurred in our land, we will be trying to do the impossible. In such cases, either you sacrifice ideas, or you sacrifice language.[1]

Substantially the same reason as advanced by Lu Xun, namely, new ideas require new expressions, however inelegant. At the same time, it should be pointed out that in all these disputes, no one went so far as to champion inelegance as a virtue. It may be unavoidable, even inevitable, yet not really desirable. In actual practice, even when translating difficult treatises on literary theory by Soviet ideologues, Lu Xun tried to make his versions as readable as possible.

Elegance, then, must be considered in the context of faithfulness. Later discussions tended to see all three points as

---

1《柏拉图〈巴曼尼得斯篇〉序》；罗编，第 444 页。(Luo, p. 444)

interrelated. In a way, that was Yan's original position; he had written: "All this effort is to achieve expressiveness and to be expressive is really to be faithful" ("凡此经营，皆以为达；为达，即所以为信也"), etc. After years of discussion and—even more important—of practice there has emerged a clearer, more integrated view, summed up by Qian Zhongshu（钱锺书）thus:

> Faithfulness in translation should include expressiveness. Expressiveness gives full scope to faithfulness, and elegance is not just to adorn expressiveness. To convey the meaning of the original in the same style—that is faithfulness.[1]

This may be taken as a *modus vivendi.* In recent years, there have been signs of a growing weariness with the perpetual wrangle about the three points and discussions have moved on in two directions. First, the specific standards for different genres of writing. Modern stylistics has shed light on the special features—phonetic, lexical and syntactic—of such different kinds of writing as scientific papers, advertisements, public notices, news reports and such varied utterances as sermons, speeches, sports commentaries, telephone conversations, etc.

1《管锥编》, 1101；罗编，第 23 页。(Luo, p. 23)

Obviously each requires a different standard. Sociolinguistics has for its part added a new dimension to the discussion of "equivalents" in translation by emphasizing the social or cultural factor: different speech communities have different ways of addressing people, being polite or rude, crying their wares, showing their approval or displeasure, etc. In such cases, a literal translation would often be misleading, if not fatal, and the suggested solution is: find the usage pertaining to the particular "variety" in the target language.

Second, the total effect of a translation of a literary work. This question came to the fore when some signal successes had been registered in practice—notably the translation of the works of Shakespeare by Zhu Shenghao (朱生豪) and that of the novels of Balzac by Fu Lei (傅雷). Both are considered models of literary translation—accurate, readable, done in a Chinese that combines vigour with grace. Both translators speak in disfavour of the stiff, word-for-word translation and would strive for "resemblance in spirit" (神似). Specifically, this means, in Fu Lei's words:

> To strive for resemblance in spirit, not in appearance, the translator must write pure Chinese, not something stiff and awkward, but a language which can be read aloud harmoniously in a rhythm and tempo

akin to the original.[1]

Here the concern is no longer with the three points, which are taken for granted, but reaches a higher plane where more stringent demands are made on the translator. Two prerequisites stand out: an intimate understanding of the original, all the nuances and over-tones in it, and a supple use of the target language. Neither of which is easy to achieve. Fu Lei's striving for "resemblance in spirit" had only a limited success in his own translations—certainly his range of vocabulary and mastery of demotic language falls short of Balzac's rich, protean French—and for most others it has remained only an ideal.

Neither can "appearance" be ignored altogether. For verse translators, there are stanzaic forms and rhyme schemes to consider. Even the sonnet, Shakespearean or otherwise, has been reproduced with its intricate pattern intact. Here certainly the Chinese classical tradition of excellent short poems has helped. The most valiant effort has been made by poets who would not rest until they have translated Shakespeare's poetic dramas in suitable Chinese verse, for good as Zhu Shenghao's versions, mentioned above, are, they are prose renderings. After decades of persistent work, the erstwhile modernist

---

1《论文学翻译书》；罗编，第 694 页。(Luo, p. 694)

poet Bian Zhilin has been able to establish a Chinese verse line of five metrical units, punctuated by five pauses, as an equivalent to the English iambic pentameter and with this he started to translate *Hamlet* in 1954, followed by *Othello* (1956), *Lear* (1977) and *Macbeth* (1983), finally published together as *Four Tragedies of Shakespeare* in 1988, a labour of over thirty years. And a crowning success, too, for here we see verse used as Shakespeare meant to use it—as a dramatic medium for dramatic effects. Another recent achievement is the translation by Zha Liangzheng of Byron's *Don Juan*, all sixteen cantos of it in stanzas of eight lines each, with a rhyme scheme close to the original *ottava rima*. Again it is a poet's work, which not only keeps the form or "appearance" of Byron's verse, but manages to catch its spirit too—the wit, the vivacity, the cynicism, the ardour in love and war, the whole spectrum of the young lord's moods and yearnings.

By now we can leave translation standard behind, for we have come to the point where aesthetics takes over.

Select Bibliography

罗新璋编:《翻译论集》，北京：商务印书馆，1984 年（简称“罗编”）。

(Luo Xinzhang, ed. *On Translation*. Beijing: Commercial

Press [hereafter referred to as "Luo"])

严复:《〈原富〉译事例言》, 1901 年(罗编,第 138 页)。

(Yan Fu, Preface to his translation of *The Wealth of Nations*; Luo, p. 138)

严复:《与梁任公论所译〈原富〉书》, 1902 年(罗编,第 140 页)。

(Yan Fu, Letter to Liang Qichao on translating Adam Smith; Luo, p. 140)

严复:《〈天演论〉译例言》, 1905 年(罗编,第 136 页)。

(Yan Fu, Preface to his translation of *Evolution and Ethics*; Luo, p. 136)

贺麟:《严复的翻译》, 1925 年(罗编,第 146 页)。

(He Lin, Yan Fu's Translations; Luo, p. 146)

林纾:《〈巴黎茶花女遗事〉引》, 1899 年(罗编,第 161 页)。

(Lin Shu, Preface to his translation of *La Dame aux Camélias*; Luo, p. 161)

林纾:《〈黑奴吁天录〉例言》, 1901 年(罗编,第 162 页)。

(Lin Shu, Preface to his translation of *Uncle Tom's Cabin*; Luo, p. 162)

林纾:《〈吟边燕语〉序》, 1904 年(罗编,第 165 页)。

(Lin Shu, Preface to his translation of *The Tales from Shakespeare*; Luo, p. 165)

林纾:《〈撒克逊劫后英雄略〉序》, 1905 年(罗编,第

167 页)。

(Lin Shu, Preface to his translation of *Ivanhoe*; Luo, p. 167)

林纾:《译〈孝女耐儿传〉序》,1907 年(罗编，第 177 页)。

(Lin Shu, Preface to his translation of *The Old Curiosity Shop*; Luo, p. 177)

林纾:《〈块肉余生述〉前编序》，1908 年 (商务印书馆，1981)。

(Lin Shu, Preface to his translation of *David Copperfield*; Beijing: Commercial Press, 1981)

钱锺书:《林纾的翻译》，1963 年 (罗编，第 696 页)。

(Qian Zhongshu, Lin Shu's Translations; Luo, p. 696)

王国维:《书辜氏汤生英译〈中庸〉后》，1906 年 (罗编，第 197 页)。

(Wang Guowei, Afterword to Gu Hongming's translation of *Zhong Yong*; Luo, p. 197)

鲁迅:《卢氏〈艺术论〉小序》，1929 年 (《鲁迅全集》卷十；罗编，第 260 页)。

(Lu Xun, Preface to his translation of Lunarcharsky, *On Art*; Luo, p. 260)

鲁迅:《〈小彼德〉译本序》，1929 年 (《三闲集》；罗编，第 262 页)。

(Lu Xun, Preface to Xu Xia's translation of Hermynia Zur Muchlen, *Little Peter*; Luo, p. 262)

鲁迅:《鲁迅和瞿秋白关于翻译的通信》，1932 年 (《二心集》；罗编，第 265 页)。

(Lu Xun, Correspondence on translation with Qu Qiubai; Luo, p. 265)

瞿秋白:《再论翻译》, 1932 年 (《瞿秋白文集》; 罗编, 第 279 页)。

(Qu Qiubai, Again on Translation; Luo, p. 279)

鲁迅:《关于翻译》, 1933 年 (《南腔北调集》; 罗编, 第 288 页)。

(Lu Xun, About Translation; Luo, p. 288)

鲁迅:《为翻译辩护》, 1933 年 (《准风月谈》; 罗编, 第 291 页)。

(Lu Xun, In Defence of Translation; Luo, p. 291)

鲁迅:《关于翻译 (上)》, 1933 年 (《准风月谈》; 罗编, 第 293 页)。

(Lu Xun, About Translation [I]; Luo, p. 293)

鲁迅:《关于翻译 (下)》, 1933 年 (《准风月谈》; 罗编, 第 295 页)。

(Lu Xun, About Translation [II]; Luo, p. 295)

鲁迅:《非有复译不可》, 1935 年 (《且介亭杂文二集》; 罗编, 第 297 页)。

(Lu Xun, The Necessity of Re-translation; Luo, p. 297)

鲁迅:《"题未定" 草》, 1935 年 (《且介亭杂文二集》; 罗编, 第 299 页)。

(Lu Xun, Note Without a Title; Luo, p. 299)

郭沫若:《〈论诗札记〉之余》, 1921 年 (罗编, 第 328 页)。

(Guo Moruo, Afterword to *Notes on Poetry*; Luo, p. 328)

郭沫若:《〈浮士德〉简论》, 1947 年 (罗编，第 335 页)。

(Guo Moruo, Brief Discussion of *Faust*; Luo, p. 335)

郭沫若:《谈文学翻译工作》,1954 年(罗编，第 498 页)。

(Guo Moruo, On Literary Translation; Luo, p. 498)

郭沫若:《关于翻译标准问题》,1955 年(罗编，第 500 页)。

(Guo Moruo, About Translation Standard; Luo, p. 500)

茅盾:《译文学书方法的讨论》,1921 年(罗编，第 337 页)。

(Mao Dun, Discussions on Translating Literary Works; Luo, p. 337)

茅盾:《译诗的一些意见》, 1922 年 (罗编，第 344 页)。

(Mao Dun, My Opinion on Verse Translation; Luo, p. 344)

茅盾:《直译· 顺译· 歪译》, 1934 年 (罗编，第 351 页)。

(Mao Dun, Literal Translation, Smooth Translation, Crooked Translation; Luo, p. 351)

茅盾:《〈简爱〉的两个译本》,1937 年(罗编，第 354 页)。

(Mao Dun, Two Versions of *Jane Eyre*; Luo, p. 354)

茅盾:《为发展文学翻译事业和提高翻译质量而奋斗》, 1954 年 (罗编，第 501 页)。

(Mao Dun, Strive for the Development and Higher Quality of Literary Translation; Luo, p. 501)

茅盾:《〈茅盾译文选集〉序》,1980 年(罗编，第 518 页)。

(Mao Dun, Preface to Mao Dun, *Selected Translations*; Luo, p. 518)

郑振铎:《译文学书的方法如何？》, 1921 年 (罗编，第 369 页)。

(Zheng Zhenduo, What About the Method of Translating Literary Works; Luo, p. 369)

朱生豪:《〈莎士比亚戏剧全集〉译本自序》,1944 年(罗编，第 456 页)。

(Zhu Shenghao, Preface to his translation of *The Complete Works of Shakespeare*; Luo, p. 456)

卞之琳:《莎士比亚悲剧论痕》，北京:三联书店,1989 年。

(Bian Zhilin, *On Shakespeare's Tragedies*)

傅雷:《致林以亮论翻译书》，1951（？）年(罗编，第 545 页)。

(Fu Lei, Letter to Lin Yiliang on Translation; Luo, p. 545)

傅雷:《〈高老头〉重译本序》,1951 年(罗编，第 558 页)。

(Fu Lei, Preface to his revised translation of *Le Père Goriot*; Luo, p. 558)

傅雷:《翻译经验点滴》，1957 年(罗编，第 625 页)。

(Fu Lei, My Fragmentary Experience of Translation; Luo, p. 625)

傅雷:《论文学翻译书》，1963 年(罗编，第 694 页)。

(Fu Lei, Letter on Literary Translation; Luo, p. 694)

林语堂:《论翻译》，1932 年(《语言学论丛》；罗编，第 417 页)。

(Lin Yutang, On Translation; *Linguistic Studies*, Luo, p. 417)

陈康:《论信达雅与哲学著作翻译》，1942 年(《柏拉图〈巴曼尼得斯篇〉序》；罗编，第 443 页)。

(Chen Kang, Faithfulness, Expressiveness and Elegance and Translation of Philosophical Works; Preface to Plato's "Parmenides"; Luo, p. 443)

朱光潜:《谈翻译》，1944 年（罗编，第 447 页）。

(Zhu Guangqian, On Translation; Luo, p. 447)

巴金:《一点感想》，1951 年（罗编，第 550 页）。

(Ba Jin, Some Reflections; Luo, p. 550)

李健吾:《翻译笔谈》，1951 年（罗编，第 552 页）。

(Li Jianwu, About Translation; Luo, p. 552)

徐永煐:《论翻译的矛盾统一》,1963 年(罗编，第 678 页)。

(Xu Yongying, Translation—Unity in Contradictions; Luo, p. 678)

赵元任:《论翻译中信、达、雅的信的幅度》，1967 年（罗编，第 726 页）。

(Zhao Yuanren, Dimensions of Fidelity in Translation; Luo, p. 726)

余光中:《翻译和创作》，1969 年（罗编，第 742 页）。

(Yu Guangzhong, Translation and Creative Writing; Luo, p. 742)

林以亮:《翻译的理论与实践》,1974 年(罗编，第 754 页)。

(Lin Yiliang, Theory and Practice of Translation; Luo, p. 754)

钱锺书:《译事三难》，1979 年（《管锥编》第三册；罗编，第 23 页）。

(Qian Zhongshu, Translation's Three Difficulties; Luo, p. 23)

刘靖之:《重神似不重形似》,1980 年(罗编，第 852 页)。

(Liu Jingzhi, Resemblance in Spirit, Not in Appearance; Luo, p. 852)

金岳霖:《论翻译》，1983 年 (《知识论》第 15 章《语言》；罗编，第 463 页)。

(Jin Yuelin, On Translation; *Epistemology*, ch. 15; Luo, p. 463)

范仲英 , "Some Remarks on the Criteria of Translation", *Babel*, Vol. 36, No. 2, pp. 97–110.

1990

附录

答客问：关于文学翻译[1]

问：你翻译的第一本书是什么？什么时候翻译的？

答：我翻译的第一本书是乔伊斯的短篇小说合集《都柏林人》。那是在40年代之初，当时我在昆明西南联大做助教。有一天我看见了乔伊斯的这本短篇小说。我常常听人提到他的长篇小说《优力息斯》，于是也想知道他的短篇小说是什么样子。一读之下，我被吸引住了，特别是最后那篇《死者》写得真好，真是一篇杰作。我就试着把它译成了中文，接着把这卷里所有小说都译了。

问：你那个译稿出版了吗？

答：没有。我把原稿寄给桂林的一个出版社。有一天日本飞机轰炸了这个城市，引起大火，我的译稿也被烧掉了。

问：这以后你又译了什么其他作品？

答：1958年我译了彭斯作品。那年人们准备纪念下一年就要来临的彭斯诞生200周年，北京有一家出版社想出一本新的彭斯诗选，要我翻译。以前我从未译过彭斯作品，但是我喜爱他的诗，愿意一试。我发现这工作相当费力，但又值得下功夫。最后，我译了大约40首，合成薄薄一小本，于

1 此文原是英语广播稿，现请徐序同志译成中文，作者并作了一些修改。

1959 年出版。

问：这 40 首里包括了哪些诗？

答：抒情诗如《一朵红红的玫瑰》、《不管那一套》、《走过麦田来》、《往昔的时光》等等。不过我也放进了一些别的东西，例如一些即兴小诗。你知道他曾在一张钞票后面写过一首咒骂金钱的诗，这首我也译了。当然，这类诗不是他的主要作品。更值得一提的，是我译了他的几首较长的诗，如《两只狗》、《快活的乞丐》、《汤姆·奥桑特》，还有那首绝妙的讽刺诗《威利长老的祈祷》。这些诗似乎过去无人译过。它们揭示了彭斯诗才的另外一些方面。他的抒情性和音乐性是我们中国读者向来欣赏的。但是过去我们未必知道他还能写很好的叙事诗，其中有许多别人诗里难找的品质，如戏剧性，活力，还有一种游戏精神，都是特别可爱的。

问：看来你是被你所译的作品迷住了。那么以后你又译了什么？

答：以后我译了几篇培根的随笔。这也是一个很愉快的经验。培根是一个善写警句的散文家，文字紧凑，又有一点古奥。问题是：译这样的作品该用什么样的文字？我做了一个试验，用浅近的文言译它，我的朋友们看了说喜欢我的译文。但是我觉得这里用文言是一种特殊情况，不足为训。通常情况下，我都是用白话文译。而且总的说来，我译的散文作品很少。除了培根以外，我只译过威廉·科贝特的《骑马乡行记》(William Cobbett，*Rural Rides*)。这是我喜爱的另一本书。作者完全是英国本色：道地的民间英语，典型的英国佬性格，喜欢发脾气，但又有好心肠。除了这两种散文作品外，我译的全是诗。

问：除了彭斯，还有哪些诗人？

答：雪莱（七八首），华兹华斯（二三首），还有布莱克（一二首），多数是为了在我正在写的《英国诗史》里可以引用。

问：有没有20世纪的诗？你似乎只对浪漫主义诗歌感到兴趣。

答：我确是喜欢浪漫派，但我也译过一些现代诗。例如休·麦克迪儿米德（Hugh MacDiarmid）的抒情诗。他是苏格兰人，诗写得极好。我特别喜欢他能把苏格兰民间文学传统与现代欧洲的敏感相结合。他还是个马克思主义者，写了三首列宁颂。我译了他的10首诗，在1979年的《世界文学》杂志上发表了。

问：你怎样译苏格兰方言？与译英文有什么不同？

答：这确是一个问题。去年我去苏格兰，也有人这样问我，我的回答是：仍然用我们中国的普通白话。译彭斯也有这个问题。我考虑过，也问过朋友，他们开玩笑说：不妨一试东北方言或四川方言。但是我做不到，我连北京方言也不会用。而且，诗不比小说，小说里用方言是常见的，诗里就少。翻译更难办。听说苏联名翻译家马尔夏克把彭斯译成俄文时很注意音韵，我不知道他是怎样处理原诗中的方言的。这里确实有一个值得深入研究的题目。我希望将来会有掌握地方方言较好的译者起来重译彭斯。现在我们这些人的译文毕竟只是过渡性的译文。

问：也许任何译文都是过渡性的。听说你不仅译了苏格兰方言诗，还译了盖尔语（Gaelic）的作品，是么？

答：是的，但我不懂盖尔语，而是通过英文译本再译的，只不过英译者就是作者自己。这位作者叫绍莱·麦克林（Sorley MacLean），人们称他为当今最重要的盖尔语诗人。他现在已经七十多岁，住在苏格兰西北的一个岛上。去年我到那个岛上去访问了他。他听说他的作品在辽远的中国有了译文，是很高兴的。他是一个现代风格的诗人，有一度还很欣赏现代派大家庞德的作品，但后来他回到盖尔语民间文学传统，结果写出了有明显的特点的好诗，例如：

> 每当我感到沮丧，
> 总想到年轻时候的你，
> 于是莫测的海洋涨起了潮，
> 一千条船张开了帆。

从沮丧到海上出航，这是人的精神从狭窄走向开阔，而一千条船不仅在我们的眼前张开了愉快的白帆，而且带来了欧洲文学里古老的回响，因为它使人想起16世纪英国诗人马洛歌颂古希腊美人海伦的名句：

> 驱使一千条楼船走上海程，
> 一把火烧了古城高塔的——
> 就是这张脸么？

这样一来，诗就显得深远，脱出一般情诗的小天地了。

问：想不到苏格兰现代文学里还有这样的作品，而且是以盖尔语写成的。

答：世界文学里的好作品多得很，问题在于我们所知太少。翻译的作用，就是能帮助不懂外文的读者了解到更多关于外面世界的事情。首先，当然译者自己得大大打开眼界。

问：那么，美国诗呢？你译过么？

答：我译过两位美国人的诗。头一位是罗伯特·勃莱（Robert Bly）。我认识他。1980年，我作为中国作协代表团成员去参加澳大利亚阿得雷德文艺节，他也在那里，这样就碰上了。有一个晚上他到我们住的旅馆来，朗诵一首叫《想到〈隐居〉》的诗。事实上，诗里提到的《隐居》就是白居易的一首诗的名字。

问：真有意思，另外一个美国诗人又是谁？

答：他是詹姆斯·赖特（James Wright），是勃莱的好友，但不幸已于1979年[1]死于癌症。我译了一首他的诗，标题很长：《冬末，越过泥潭时，想到了古中国的一个地方官》。这首诗也是关于白居易的。它的开始几乎带着开玩笑的口气：

白居易，落发纷纷的老政客，
何苦徒劳呢？
我想起你
惴惴不安地进入长江三峡，
纤夫拉着你的船逆流而上，

---

1 据 *The New Encyclopædia Britannica* (2003)，应为1980年。——编者注

送你去忠州城里，
混一个什么官差使。
我猜想，你到达时，
天已黑了。

它的结尾则充满了沉思，情调忧郁：

你在山那边找到畸零人的城市了么？
还是仍然紧握着那条磨损了的纤绳的一头，
一千年都没有松手？

这里“磨损了的纤绳”指的是川江上纤夫拉船用的绳子，他们逆水拉船，要同无情的急流斗争，而绳子用久了，磨损到最后，随时都可以拉断。这样，这船和老诗人两者都处在非常危险的境地。诗中的“我”，也就是提这个问题的美国诗人，也并不安全多少。因为这诗也写他在黄昏时节站在明尼阿波利斯城的岸边，注视着不断流逝的密西西比河时所感到的孤独。正是这孤独感把这两位诗人越过时间和空间上的巨大差别而联在一起。我觉得这一点写得非常好。我也译了赖特的另一首诗，即常在许多现代诗选集出现的《幸福》一诗，它有一个了不得的结尾：

我突然感到
如果我能脱出自己的躯体，我就会
怒放如花。

我非常喜欢这个结尾。因此我的译文尽力保持这些令人惊奇的比喻，即磨损了的绳子和怒放的花朵。

问：你所谓保持比喻，究竟是什么意思？

答：我的意思是，如果在原诗里有某个比喻，应该把它直译过来，保持它原有的新鲜和气势。但这里有一个问题。有时一个比喻在原来语言中很新鲜，但是在译文中却类似套话，通常是因为译者用了一个意思大体相同的成语。在彭斯的《一朵红红的玫瑰》里，你记得，有一行诗表达主人公对一位姑娘的爱，说是即使所有的海洋干枯了，岩石都被太阳熔化了，他仍然忠于爱情。我想在原诗里，这关于海和岩石的比喻一定是很新鲜很有力的。我们汉语里恰好有一个成语——“海枯石烂不变心”——可以说是完全的“对等词”。但是它在中国已经用得太久太广了，变成了陈词滥调。所以我在译文里避免用它，另外用了一个说法，文字不那么流利，但保存了原来的比喻。不过，这个问题还另有复杂的一面。如果原作者本人用了陈词滥调又怎么办？毕竟陈词滥调是生活的一部分，没有哪个作者能够始终都写得新鲜。也是在这首《一朵红红的玫瑰》里，有两行原文是：

> And I will luve thee still, my dear,
> While the sands o' life shall run.

这里的一个词组 the sands o' life 就值得研究。也许不能称它为陈词滥调，但至少它不算新鲜，彭斯用它时就已经不新鲜，因为前人早已用过它，莎士比亚在 16 世纪用过，蒲柏在18世纪也用过。我认为这是彭斯偶然采用文学套语的一例，有时候他不得不同当时上流社会流行的文学趣味有所妥协。这里并无任何真正的形象，只是一种现成说法。因此我译它时，也用了一种人们熟悉的、没有新鲜感的词语，即“生命犹存”，后来又改成“一息犹存”。

问：想不到有这么多的讲究！语言可真够复杂的。

答：反正这首看起来很简单的小诗给了我不少麻烦，尽管一再修改，最后的译稿仍是自己不满意的。不管怎样，作为一个译者，我总是感到需要不断锻炼，要使自己的汉语炼得纯净而又锐利。另外，我觉得一个译者只应该译与他自己的风格相近的作品。没有人能够掌握所有的风格。通常一个译者只适宜于译某一类作品。我认为他应该只译那一类，而不要什么都译。

问：但是我想一个理想的译者应该是什么样的文章都能适应的人。

答：可是究竟有几人能够做到呢？何况，适应别人的过程同时又是施加自己个性的过程。这样，凡一个译者碰过的作品，译文总会显得有点类同。如果莎士比亚、密尔顿、堂恩、德莱顿、蒲柏、华兹华斯、拜伦、雪莱、济慈等等读起来都差不多，那可真是翻译的否定了，也是文学本身的否定了。

问：你觉得译者还应该注意别的什么？

答：作为一个译者，我总觉得有一件事忽略不得，即原文的口气。如果作品是讽刺口气，那么译文也应该是讽刺口气；如果仅仅造成滑稽效果，那就没有成功。

最后一点：全文的重要。通常人们太多注意细节，不够注意整体。然而一首诗或一个故事有它自己的统一性。如果译者掌握了整个作品的意境、气氛或效果，他有时会发现某些细节并不直接促成总的效果，他就可以根据所译语言的特点作点变通。这样他就取得一种新的自由，使他能振奋精神、敢于创新。他将开始感到文学翻译不是机械乏味的事，而是一种创造性的努力。

诗评与译诗

与王佐良教授一席谈[1]

原编者按：王佐良教授，早年就读于清华、西南联大外文系，毕业后赴牛津大学研究英国文学，回国后任教北京外语学院。著译有《论契合》（英文版）、《照澜集》、《中外文学之间》、《彭斯诗选》，并主编有《美国短篇小说选》、《英国文学名篇选注》、《英国文体学论文集》等。

记者：很喜欢读您的散文和随笔式的文论，它们常将一些精辟的文学见解在轻快、饶有情趣的笔调中娓娓道来，给人不少启悟。不知您的这种文风是否有意汲取了英国 essay 的风格？

王：英国文论确有这种传统。年轻时候读俞平伯先生的《读词偶得》，也在这方面给我很深的教益。

记者：近期文坛上有些评论文章，常常是先建立一个理论框架，再将文学创作中的某些材料纳入其中。这也许能阐释某种高深的见解，显示某种理论气魄，但也有人认为这类文章往往使人感到有点玄虚。能否谈谈您对此的感受？

王：我不习惯那种在文章里一上来就摆理论架子的做法。

1 本文为《人民日报》记者张大农对王佐良的采访，原载《人民日报·大地副刊》，1987 年 3 月 18 日。——编者注有些文学理论文章距离文学越来越远了。我主张加强“实践的批评”。当然实践的批评也应具有理论深度，但这不是单靠摆理论架子能解决的。英国文学在这方面有良好的传统，值得借鉴。华兹华斯作为一位浪漫主义大诗人，他的诗歌理论文章切实、简练而有力；济慈在写诗实践中体味到的深刻、隽永的艺术见解，是在他给弟妹们的书信中，用朴素、生动的话语表达出来的；现代小说家伍尔夫的评论文章也是很生动、晓畅的，福斯特也是如此。

艰深的理论文章只能奉赠“学院”圈子里的人们，而那种实践的批评却可能产生广泛的效果。我以为文学（包括批评）的作用应该使人的感情更纯净些，使人们之间的理解更加周到和深刻。因此，好的文学作品应该是普及的。当然能否做到这一点是另一个问题，所以也要以同情的态度对待别样的文学现象。

记者：您的文论似乎注重从作品的本文着眼，如《照澜集》里的一些篇章，以及经常见您写的“读诗随笔”一类的文字，深入浅出地分析了作品的内容与形式技巧之间的精妙之处；而无琐屑之感。这也许更需深厚的功力和素养？

王：文学不能没有形式和技巧。徒有“深刻”的内容，不如让人们去读社会科学著作。我们常常片面、机械地理解内容与形式的关系。其实内容与语言形式的关系很复杂，并不是简单的谁决定谁的关系。形式实际上意味作家把握世界的方式和程度。就诗歌艺术而言，每产生一个新的流派，除了提供新的思想内容、新奇的意象等等，一般还会带来诗歌语言的变革。英语诗歌语言革新的轨迹是很明显的，例如在丁尼生、勃朗宁以后的惠特曼，他的诗歌不仅形象、思想感情与前者判然有别，语言也为之一新。这种新的内容与新的语言之间又有着复杂而必然的联系。注意分析作品的形式技巧，并不一定意味着舍本求末。

至于我最近写的一组“读诗随笔”，是我有意识地在作一种尝试，即通过翻译的诗来分析外国诗的技巧。

记者：外国诗的语言技巧也能在翻译诗里体现出来吗？

王：诗歌不比小说，脱离了语言和技巧，诗几乎就不存在了。因此，诗能否翻译历来是个有争议的问题。考虑到不同语言的人民之间需要文学交流，我以为诗的翻译还是必要的。翻译的诗既要保持原诗的韵味，要像原来的诗，又要使译文顺达，让读者能够看懂。这就要求译者对原诗的技巧有尽可能精确的把握，又能用纯净、锐利的汉语将它们表达出来。因此，诗的翻译只有经得住内容和技巧两方面的分析才能算过关。目前各种诗歌译本很多，比较普遍的问题是一些译者驾驭、运用母语的本领不娴熟，因而很难将原作的技巧传达过来。我觉得戴望舒、穆旦的译诗文笔是堪称楷模的。

有时，在两种语言之间无法作对应的传译时，可以作必要的变通。其实，诗的翻译未尝不是一种阐释，甚至是必要的创造。

记者：如果每个译者都依照自己的理解去阐释、加工原作，岂不让读者失去了理解原诗的标准？

王：对一首诗的理解本无绝对“正确”的标准可言。每个读者对诗的理解都是不完全相同的，即使专家、学者也如此。不同时代的读者，出于不同的精神需求，对同一首诗的理解也会不一样。因此，从现时的角度看，优秀的外国诗歌，可以有不同的译本相互参证，不应视哪个译本是绝对权威、绝对准确的；从历史的角度看，所有的译本都是过渡性的。英国人至今仍在不断用现代英语翻译乔叟的诗。同一语言尚且如此，何况不同语言之间的翻译了。

“土耳其挂毯的反面”[1]

原编者按：翻译能使人觉得完成了一件工作，感到喜悦，也能使人为了表达意思——表达全部意思——希望找到确切的词句，大伤脑筋。最近，四位中国翻译家和作家访问了澳大利亚，他们主要是为参加阿得雷德（Adelaide）节而来的。在此期间，他们会见了我国的许多作家及其他来访的客人。后来，他们一行又去其他城市访问，堪培拉即是其中之一。负责接待他们的澳—中协会邀请他们花了一整天的时间参观离堪培拉不远的一个自然保护区。他们观赏了特别好奇的澳大利亚火鸡，还看到一群腼腆的袋鼠慢步跳跃而去，这时他们中的一位年长者也模仿着这种跳跃动作，并且说将来回北京走动，这种步子是大有用处的。他们四位还见到一个羞于见人又睡眼惺忪的考拉熊的背影，她正高踞在一棵橡胶树上，离地面 80 英尺。

这几位客人中有一位是当代中国最著名的作家之一，俞林。他来自江西省，是作家协会江西省分会中颇有声望的会

1 本文原文原载澳大利亚《半球》杂志，是该刊主编肯尼思·亨德森根据他与来自中国的四位客人——杨宪益、戴乃迭、俞林、王佐良——一次座谈的录音写成，谈的是文学翻译问题，现在请陈鑫柏同志译成中文，供读者参考。原文标题取自 17 世纪詹姆斯·豪威尔（James Howell）所著《熟悉的来信》（*Familiar Letters*）：“……有些人把翻译作品视同土耳其挂毯的反面。”

员，擅长写短篇故事及小说。

另一位成员杨宪益是英文版《中国文学》的副总编辑。他的夫人戴乃迭，是他在牛津大学[1]留学时认识的，现在北京外文出版局工作。他们翻译过许多中国作品，其中最享盛名的是18世纪曹雪芹所著的古典文学作品《红楼梦》。

还有一位王佐良，是北京外国语学院的教授，又是一位文学评论家兼翻译家。他于40年代留学牛津大学时，就曾写过关于莎士比亚同时期作家约翰·韦勃斯特的论文。[2]后来，他把苏格兰诗人罗伯特·彭斯的作品译成中文——主要还不是那些用英语写的诗，而是那些用苏格兰方言写的诗——这时他才真正尝到了翻译的乐趣。教授很具体地谈到了在处理彭斯的《快活的乞丐》这首长诗时感到的趣味。诗中有这样几句：

接着说话的是一个胖胖的母夜叉，
她擅长探囊取财本领不差，
曾经摸到手无数的钱包，
因此也被人把凉水灌饱。[3]

然而，他最成功的译作是《威利长老的祈祷》。在上帝

---

1 杨宪益夫妇和王佐良教授都就学于英国牛津大学，但原文作者却把他们当成剑桥大学的学生。——译者注，下同

2 此论文已作为专著，由萨尔斯堡大学出版部作为英国17世纪文学丛书之一在1975年出版。

3 本文中有关彭斯诗歌的译文，都摘自王佐良教授所译的《彭斯诗选》(1959年人民文学出版社出版)。

和天下人的眼里，这是世上描写自命不凡、阿谀奉承和追求高位的最出色的杰作之一。这首诗充分表达了这位秉性耿直的诗人对世上一切伪君子的鄙视态度。参加这次促膝座谈的客人如同作协的其他会员们一样，也非常注意探索如何把澳大利亚哪些作品译成中文。我们仅希望我们所使用的英文不至于像苏格兰地区的方言那样独特奇异。

记者问：翻译中最重要的一件事当然是在表达思想的时候，设法提供一定的背景，使读者能理解其全部含义。杨先生，你觉得把中国的古典名著译成英语，困难吗？

杨先生：我不认为这是一件容易的事；但是如果你在从事翻译工作，你就得竭尽全力去做，把原文的意思用另一种语言表达出来。你必须找到一个大致相近的译文，但它又必须是确切的，尽可能使译出的意思接近原文。

问：要使讲英语的人对几百年前用英语写的古典作品感兴趣，这已经够困难了。毫无疑问，把中国的多种场面和情景译成现在人们能够接受或已经同化的语言，像你和你夫人那样，翻译18世纪曹雪芹的古典小说《红楼梦》，那就难上加难了吧！

杨先生：我觉得时间倒并不重要。当然，若要翻译几百年前的作品，译者就得把自己置身于那一时期，设法体会当时人们所要表达的意思；然后，在翻译成英文时，再把自己放在今天读者的地位，这样才能使读者懂得那时候人们的思想。

杨夫人：我感到困难的是把中国的四字成语译成英语。

每一个四字成语都有非常丰富的内在含义，可能其中还包含着一个典故。但是，一旦译成英语或用英语作解释时，可能就需要用一个或两个句子来表达，即使如此，仍旧不能表达出原文所有的气魄和分量。

问：你指的分量究竟是什么，是否指组成四字成语的每一个字都各有其本身的分量？

杨夫人：这可能涉及中国历史上的某一事件，也可能涉及中国文学作品中的某一人物。有时可能只提一个名字，比如“红娘”。对中国人来说，只要一提这二字，人们马上会联想起一整套故事情节及其中人物之间的关系等等。但是，我们怎样把这些翻成英语呢？当然，我们可以加脚注或尽量多作些解释；然而，英译文总是比原文累赘得多，也不及原文有力。

问：是不是正像“samurai”（武士）及“country gentry”（乡绅）这两个词，对日本人和英国人来说各有不同的含义？

杨夫人：许多含义外国人是无法了解的。我们就得用各种办法来解决：一是在文中加上一些原文中没有的词，二是加脚注，再就是不用这个具体的典故，尽力创造出适合这种场合的气氛来。

问：你认为自己可以有多大的灵活性呢？

杨夫人：我们的灵活性太小了。有一位翻译家，我们非常钦佩，名叫大卫·霍克斯。他就比我们更有创造性。我们太死板，读者不爱看，因为我们偏于直译。

问：你是否认为译者应改写原文？

杨夫人：应该更富有创造性。翻译家应大致做到这样。然而，我们长期以来一直受过去工作环境的限制，以致现在我们的翻译家比较拘泥于原文，译文平庸，还是深受过去老框框的影响。

杨先生：我认为翻译的时候不能作过多的解释。译者应尽量忠实于原文的形象，既不要夸张，也不要夹带任何别的东西。当然，如果翻译中确实找不到等同的东西，那就肯定会牺牲一些原文的意思。但是，过分强调创造性则是不对的，因为这样一来，就不是在翻译，而是在改写文章了。

问：你的意思是，如果在译文中对某一人物所说的话或者对某一事物的描写加进太多的东西，译者就可能背离原文?

杨先生：正是这样。因为那样一来，翻译就不成其为翻译了，我们必须非常忠实于原文。

杨夫人：现代汉语中有那么多缩写形式的短语。中国人在对某些事物的提法里喜欢用数字。比如“三反”运动，中国人一听，就知道这是指反贪污、反浪费、反官僚主义。诚然，译者可以加脚注，但是这就会减轻原文的分量，因为像“三反”、“压在中国人民身上的三座大山”等短语，用起来既简洁又方便，而英译文就得加以发挥。

杨先生：我认为这不是问题之所在。这只涉及形式而已。谁也不能完全用原文本来的语言形式来进行翻译，比如原文有四个字，你总不能保证译文也只有四个字，或者原文是五个字，译文也只能是五个字。另一方面，在文学中有许多其他的因素构成原文的某些含义，而要把这些含义传达给文化不同的人则是根本不可能的。譬如：对中国读者说来，中国诗词中的一棵垂柳就有某种油然而生的联想，译成另外一种语言，则不可能自然而然地引起这种联想。

问：你如何从这一方面去评价英国翻译家阿瑟·威利的译作呢?

杨先生：他翻译的《诗经》(*The Book of Songs*)有很高的学术水平，不愧为翻译杰作。但在另一方面，我认为他依旧有弄得过分像英国诗歌的弊病；比如他把中国周朝的农民塑造成田园诗中描叙的欧洲中世纪农民的形象。

杨夫人：他在译文中用了“Castles”(城堡)一词，而中国人是从未有过城堡这类东西的。

杨先生：还有“骑士”等等。译文读起来很像英国中世纪的民谣，而不像反映中国情况的诗歌。

杨夫人：尽管如此，他的译作仍不失为好诗。

杨先生：的确是好诗。

问：可是，这些诗有其本身的价值，严格说来就不能算是传播中国人的思想的媒介了，对不对?把作品从德文或拉丁文译成英文，是比较容易的，因为这些语言有某些共同的渊源关系。但是，在处理与欧洲语言大不相同的语言如汉语、日语及朝鲜语时，你们，或像威利这样的翻译家，是否有权做你们刚才批评过的事情呢?

杨夫人：反正我在念中国“城堡”这一段时，感到很不舒服。

问：王教授，你念到中国“城堡”这类词句时，也感到不舒服吗?

王教授：很难说在读“城堡”这类诗句时自己的确切感受如何。至于你刚才谈到的不同的语言有不同的思想概念这一问题，我本人是相信乔姆斯基提倡的普遍语法论的；而这种语法就要求先有一种普遍适用的语言。我认为绝大多数的思想概念，即使不是所有的，都是能够翻译出来的；不易翻译的是原作的气氛，或者说力量。翻译诗词尤其如此。有一位美国诗人，我想是罗伯特·佛洛斯特吧，他不是说在翻译过程中会把诗味丢掉吗？也就是说诗歌几乎是无法翻译的。但是，歌德曾说过，一方面我们简直无法翻译诗歌，而另一方面却又非常需要翻译诗歌。这两者确实是很矛盾的。可是，事实上许多人在努力翻译诗歌。我确实感到翻译诗歌，其乐无穷。（我一般不翻译散文；小说篇幅太长，短篇小说也太费时间；而且翻译一篇散文，我得不到在翻译一首诗的时候所感到的那种乐趣。）

杨夫人：在你所译过的西方诗人的作品中，你最满意的是哪些作品呢？

王教授：我最为满意的是罗伯特·彭斯的长诗的翻译——不是他的短诗，因为有些短诗我没有译好。我指的是《一朵红红的玫瑰》这样著名的诗篇，英语是如此简练，如此清新，而我的中文译文念起来就不大好了。

杨夫人：这样说来，你是喜欢叙事诗喽？

王教授：也许我是第一个把他的《汤姆·奥桑特》和《快活的乞丐》等长诗译成中文的人，我非常喜欢这些长诗。我还翻译了《威利长老的祈祷》[1]这类作品，我认为这首诗是所

1 原文作者误把《快活的乞丐》理解为书信体诗文，实则是一首讽刺诗。

有语言中最好的讽刺诗之一。

问：显然，这首诗具有非常普遍的意义，因为“威利长老”这种人，在我们周围比比皆是。他们祈求上帝保佑自己能享有比其他人更优越的地位，是不是？

王教授：对，是很有普遍意义。所以，恕我不能同意你的理论：不同的语言有各自不同的概念。我的观点是，我们大体上都用同样的方式进行思维活动，否则彼此就无法交往了。但在翻译中，在区分短语的细微差别上，或是在处理某一短语所引起的各种联想方面，或在表达一首诗总的气氛方面，肯定会丢失原诗中的某些东西。在这一点上，我同意罗伯特·佛洛斯特的意见，他说在翻译诗的过程中总要丢掉一些东西。刚才宪益举杨柳为例，这确是很难翻译的。第二次大战时，盟军方面的人说一声敦刻尔克，马上会联想起一幅完整的画面。但是，这对中国人来说，不会引起任何反应；然而，只要我们中国人一用“江南”二字，表示“长江以南”的意思，江南秀丽的景色马上就会展现在我们的眼前，在那里可以看到最好看的园林，最漂亮的美人。同样，“塞外”这一短语会使人联想到一片白雪皑皑、荒无人烟的景象，想到历史上的游牧部落。所以，我认为这些东西都是很难翻译的。拿密尔顿为例：他最善于运用声音洪亮、色彩绚丽的地名。比方说，他把北京称作“Paquin”，正如柯尔律治（Coleridge）称之为“Xanadu”。这个词对密尔顿来说，颇有浪漫主义色彩。我认为这些东西是最难译的。当然，若有人把你的理论按照逻辑推理弄到极端的程度，那就会完全否定一切翻译工作了。

问：我并不认为这会否定翻译工作，但我觉到还是需要多加一些杨夫人所说的脚注和解释。不过，教授，我认为你在谈到自己所译的彭斯的某些作品时，未免过于谦虚了，因为你写过一本论文，论伊丽莎白时代的约翰·韦勃斯特，他算是英国最深奥的古典作家之一了。你认为把韦勃斯特的作品翻译成中文，会很困难吗？

王教授：他的剧本极其难译，但也许有些诗更为难译，特别是华兹华斯的诗，语言简洁，非常简洁，纯真又很富有乐感。我一直认为这些东西是很难译成中文的，倒不是被一些难处理的词句或翻译中的一些棘手的问题所难倒，因为这些问题总是有办法解决的。最难办的是把一个用非常简洁的语言写成的民间故事翻译成合乎民间故事形式的中文。

问：是不是因为民间故事多取材于本国流传的神话和古代的信仰？看来我们把《爱丽丝仙境奇遇记》译成我们一种土著居民的语言“Pitjantjatjara”时，也遇到过同样的问题。

王教授：我们有一个《爱丽丝仙境奇遇记》的译本，是一位很著名的语言学家翻译的，此人名叫赵元任，后来去美国任教。他翻译得很好，可惜他没有接着翻译后半部《镜子奇观》。[1]

杨夫人：我看儿歌最难译。

王教授：我真希望有人能把《镜子奇观》翻译出来，因为前半部实在译得太好了。

问：你的话是不是有点幸灾乐祸的味道？

---

1 其实赵也译了后半部。后来王教授去美国讲学，见到了这个译本。

杨夫人：这不是故意的。

问：俞先生，你是搞创作的，想必你不会有任何难题吧？你的问题只是找到恰当的词句来表达自己的思想，而不是表达别人的思想，对吗？

俞先生：我是写短篇小说的，对翻译一窍不通，但是我知道这的确是一种很困难的工作。创作也不是件轻而易举的事，当然也有一定的限制，但不像翻译那样受约束。翻译时，译者只有固定的篇幅，固定的材料，在此范围内尽全力而为之。但在创作中，作家就有较多的灵活性。

问：杨夫人，与你丈夫的观点相比，你是否认为翻译家应有更多的灵活性？

杨夫人：我觉得我们传统的翻译法是直译，过于死板的直译，以至使读者常常搞不懂我们说的是什么意思。政治性的社论尤其如此。

问：你是否觉得翻译文学作品可以与外国记者所作的报道相提并论？因为外国记者要报道他所在国的情况，可是他们身居异国，周围的人都有特定的思想概念，这些人都很能理解为什么他们的一位政界人物会在某一时刻发表某种观点，而这对这些记者的同胞们来说，很可能是荒唐可笑的事情。所以，记者能不能解释这种观点，并说明："讲话人的意思是……"呢？

杨夫人：可以这样做，因为他们对自己的读者很了解。他们就是为自己本国的读者而写报道的嘛！而我们则不然，我们是为看不见的人民做翻译；英语翻译更是如此。我们不仅在为美国人或澳大利亚人做翻译，也在为亚非国家中懂英语的读者而工作，所以我们不知道我们的读者究竟是谁。

杨先生：我倒不觉得这么悲观。我认为我们是知道在对谁讲话的。译者本身的观点不会在译文中出现很多，我们在竭尽全力把原文的意思忠实地传达给另一种读者，使他们能尽量理解原作的内容。我们不应过多地把自己的观点放进去，否则我们就不是在翻译而是在创作了。

问：俞先生，你是否认为你的短篇小说，比如一篇描写中国城市或村庄的小说，能很好地原原本本地翻译成外文，使我们澳大利亚人或东南亚的读者了解中国的生活情况？

俞先生：是的，我想可以。

杨先生：另一方面，我们大可不必过分担心时间相隔久远的问题。拿《诗经》来说，其中有些作品是公元前 800 年写的，当然不能确切地反映今日中国人的感情。然而，我们对这些诗歌还是赞叹不已，原因是它都是杰出的诗篇。将作品翻译成外语，也应该同样是这种情况。

问：你的意思是，《诗经》对外国读者来说，无非比对中国读者稍多一点异国情调罢了？

杨先生：完全正确。

（澳《半球》杂志 1980 年 7/8 月，陈鑫柏译）

王佐良（1916—1995），浙江上虞人，英语语言文学专家、教育家、翻译家、作家。1935年考入清华大学外文系，抗战爆发后随校迁往云南昆明，在西南联合大学完成学业，1939年留校任教。1947年考取庚款公费留学，入英国牛津大学茂登学院，获硕士学位。1949年回国，任教于北京外国语学校（后更名为北京外国语学院、北京外国语大学）。曾任北京外国语学院教授、英语系主任、外国文学研究所所长、副院长，中国外语教学研究会副会长，中国外国文学学会副会长，中国英语教学研究会会长，中国莎士比亚研究会副会长，学术期刊《外国文学》主编，多语种学术杂志《文苑》主编等。历任第六、七届全国政协委员，国务院学位委员会学科评议组外国文学组组长，国家教委高等学校专业外语教材编审委员会主任等。著有《英国文学论文集》、《英语文体学论文集》、《翻译：思考与试笔》、《英国文学史》等，译有《彭斯诗选》、《苏格兰诗选》等。

译家之言